ESPRIT

DES

INSTITUTIONS MILITAIRES.

Imprimerie de Cosse et J. Dumaine,
rue Christine, 2.

ESPRIT

DES

INSTITUTIONS MILITAIRES

Par le Maréchal Marmont

DUC DE RAGUSE.

PARIS

LIBRAIRIE MILITAIRE

J. DUMAINE, NEVEU ET SUCCESSEUR DE G. LAGUIONIE

(Maison Anselin)

Rue et passage Dauphine, 36.

1845

À

L'Armée.

Je dédie mon livre à l'Armée.

L'Armée a été mon berceau :

j'ai passé ma vie dans ses rangs.

J'ai constamment partagé ses tra-

vaux, & plus d'une fois j'ai versé

mon sang, dans ces temps héroïques dont la mémoire ne se perdra jamais.

Parvenu à cet âge où tout l'intérêt & les consolations de la vie sont dans les méditations sur le passé, je lui adresse un dernier souvenir.

Les soldats, mes compagnons d'armes, réunissaient toutes les vertus militaires. À la bravoure et à l'amour de la gloire, naturels aux Français, ils joignaient un grand respect pour la discipline & une confiance sans bornes en leur chef, premiers éléments du succès.

Aussi, sous mon commandement, jamais, à force égale, n'ont-ils été battus. Souvent vainqueurs, malgré l'infériorité du nombre, ils n'ont cédé que bien rarement à une immense supériorité de forces ou à la fatalité des circonstances, & encore sont-ils toujours restés assez redoutables, au milieu des revers, pour faire presque regretter à l'ennemi sa victoire.

Les soldats d'aujourd'hui marchent dignement sur les traces de leurs devanciers; & le courage, la patience, l'énergie qu'ils ne cessent de montrer dans la longue & pénible guerre d'Afrique, prouvent que toujours &

partout ils répondront aux besoins &
aux exigences de la patrie.

Les premiers étaient l'objet de mes
soins les plus assidus & de ma sollicitude la plus vive;

Les derniers, tant que je vivrai,
auront mes plus ardentes sympathies.

Le M^{al} duc de Raguse.

TABLE

DES CHAPITRES.

PREMIÈRE PARTIE.

Théorie générale de l'Art de la guerre.

TROISIÈME PARTIE.

Des diverses Opérations de la guerre.

QUATRIÈME PARTIE.

Philosophie de la guerre.

CHAPITRE PREMIER.

CHAP. II.

CHAP. III.

CHAP. IV.

CHAP. V.

TABLE ANALYTIQUE

DES MATIÈRES.

DE L'ESPRIT

DES

INSTITUTIONS MILITAIRES.

AVANT-PROPOS.

Rareté de bons ouvrages militaires. — Les traités spéciaux ne contiennent point les principes de la matière. — Caractère spécial des écrivains de l'antiquité. — Polybe et Végèce plus curieux qu'utiles. — Caractère de la guerre actuelle. — Difficulté du commandement dans l'art moderne. — En quoi elle consiste. — Alexandre, Annibal, César. — Rêveries du chevalier Follard. — Camp de Bayeux pour les expériences de Dumesnil Durand. — Le général Rogniat. — Objet particulier du présent livre. — Richesse particulière de notre littérature militaire. — Livres militaires de premier ordre. — Ecrits de Napoléon. — Principes de stratégie de l'archiduc Charles. — Le maréchal Gouvion Saint-Cyr. — M. de Ségur. — Vingt campagnes de guerre et cinquante années d'expérience.

a

PREMIÈRE PARTIE.

CHAPITRE PREMIER.

Théorie générale de l'Art militaire. — Définitions.

L'art de la guerre.—Le génie de la guerre.—Nécessité de la connaissance du cœur humain.—Pourquoi un homme en vaut dix et comment dix hommes n'en valent pas un. — De l'esprit et du caractère.—Arts militaires.—Stratégie, Tactique, Artillerie, Fortifications.—Organisation, manœuvres, administration.—Des dangers.—Physionomie des batailles.—Faculté de faire un bon emploi du sacrifice de la vie.—Métier des armes.

CHAPITRE DEUXIÈME.

Principes généraux.

Peu nombreux.—Variété infinie des conditions d'une armée.—Combinaisons qui en résultent.—Le hazard doit être mis en ligne de compte énorme.—Disproportion entre le génie de Napoléon et celui de ses adversaires.—A chances égales, la victoire appartient toujours à celui qui a su se rendre supérieur en force à un moment donné.—L'infériorité du nombre compensée par la qualité des troupes.—Troupes barbares toujours faibles contre des troupes disciplinées moins nombreuses. — Après une première victoire, l'opinion remplace les armes.— Les Grecs et les Perses.—Marathon et Platée.— Conquêtes d'Alexandre.—Les Romains contre les

CHAPITRE TROISIÈME.

De la Stratégie.

CHAPITRE QUATRIÈME

De la Tactique.

CHAPITRE CINQUIÈME.

Des Manœuvres.

DEUXIÈME PARTIE.

DE L'ORGANISATION, DE LA FORMATION ET DE L'ENTRETIEN DES ARMÉES.

CHAPITRE PREMIER.

De l'Infanterie.

De l'organisation et de la formation des troupes.—L'une et l'autre sont données par les facultés de l'homme et la nature de l'arme.—Ordre et obéissance.—Dans l'escouade, l'unité c'est l'homme.—Dans la compagnie, l'escouade forme l'unité.— Dans le bataillon c'est la compagnie.—Dans l'armée, c'est le bataillon.—La compagnie est pour l'organisation et l'administration. — Le bataillon est pour la manœuvre et la bataille. — Véritables limites du bataillon. — Conditions du bataillon. — Nécessité de le mettre en rapport avec l'étendue de la voix. — 1 officier pour 40 soldats. — Force des bataillons dans les armées autrichienne et anglaise. — Inconvénients et avantages du nombre dans le bataillon. — Bataillons français. — Limite indiquée par l'auteur. — Diminutions forcées du grand complet. — Sa plus grande réduction à son arrivée devant l'ennemi. — Force du bataillon relative à la formation qu'on adopte. — Des trois rangs. — Des deux rangs.—Feu de rangs. — Il est purement théorique.— Fusion inévitable du troisième rang dans les deux premiers. — Cause de désorganisation. — But de la formation sur trois rangs. — Modifications à apporter dans la formation sur deux rangs.—Comment cette formation devient la meilleure. — Formation du régiment. — Elle est arbitraire. — Question d'administration et d'économie. —

CHAPITRE DEUXIÈME.

De la Cavalerie.

CHAPITRE TROISIÈME.

De l'Artillerie.

CHAPITRE QUATRIÈME.

Des Fortifications.

CHAPITRE CINQUIÉME.

De l'Administration.

CHAPITRE SIXIÈME.

De la justice militaire et de la composition des tribunaux chargés de la rendre.

TROISIÈME PARTIE

DES DIVERSES OPÉRATIONS DE GUERRE.

CHAPITRE PREMIER.

De l'emploi des différentes Armes.

Leur organisation doit être séparée. — Leur instruction uniforme. — Légions contraires au principe. — Pourquoi. — Combinaison des armes relative à leur emploi. — Résultats d'un bon mélange. — Création de l'esprit de corps. — Importance de l'homogénéité. — Légion romaine. — Une expression de Végèce. — Du moyen-âge. — De Frédéric. — Premier essai. — Le maréchal de Broglie. — La république. — Formation en brigades. — Leur constitution. — Vices de ce mode. — Il est abandonné. — Division, unité constante. — Armée au petit pied. — Napoléon sépare la cavalerie des divisions. — Inconvénients. — Arme accessoire et arme principale. — Quand et comment. — Limites du nombre pour les réserves de cavalerie. — L'excès dans le nombre est plus embarrassant qu'utile. — Armées de force moyenne. — Grandes armées, un échelon de plus. — Pourquoi. — Conditions de facilité dans l'exercice du commandement. — Organisation du corps d'armée. — Sa composition. — Réserves mobiles. — Le général de 80,000 hommes et de 10,000. — Leur rôle particulier. — Napoléon à Lutzen. — Création des grades en rapport avec les commandements. — Nécessité d'un grade intermédiaire entre le lieutenant général et le maréchal de France. — De l'amour-propre.

CHAPITRE DEUXIÈME,

Des guerres offensives et des guerres défensives.

CHAPITRE TROISIÈME.

Des grandes Reconnaissances.

CHAPITRE QUATRIÈME.

Des détachements en présence de l'ennemi.

CHAPITRE CINQUIÈME.

De la conduite du général le lendemain de la victoire.

CHAPITRE SIXIÈME.

Des marches et campements.

CHAPITRE SEPTIÈME.

Des Retraites.

CHAPITRE HUITIÈME.

Des Batailles.

— La prise de position sur l'Adige ; défensif ensuite ; puis de nouveau offensif. — 1805. — Austerlitz. — Jeux. — 1809. — Ratisbonne. — Wagram ; attaque de front. — 1812 ; bataille de la Moskowa. — Importance d'un mouvement de flanc. — Des attaques directes. — Plaisir de l'emploi de la force. — 1813 ; Lutzen ; bataille défensive. — Bautzen. — Leipsig. — Mauvais champ de bataille. — Le 18 octobre ; bataille défensive. — Bataille de Brienne, Craon, Laon, Arcis, Champ-Aubert, Montmirail, Vauchamp, Montereau. — Qu'y avait-il à faire à Paris ? — 14,000 hommes, 54,000. — 13,000 ennemis hors de combat. — De l'heure des batailles. — Elle est réglée par les circonstances. — Avec une supériorité de forces, il faut attaquer de grand matin. — Pourquoi. — Napoléon à Waterloo. — A forces égales on doit attaquer au milieu du jour. — Pourquoi. — 1796, revers de *Ceréa* et des *duc Castelli*. — Wurmser hors de Mantoue. — Victoire de Saint-George. — Les batailles défensives tiennent du métier. — Les batailles offensives sont du ressort du génie. — Frédéric II à la guerre de Sept-Ans. — Ses campagnes ressemblent à celles de Napoléon. — Chaque général a sa manière de conduire la guerre. — Turenne et Condé. — Alexandre et César. — Fabius, Annibal et Scipion.

QUATRIÈME PARTIE.

PHILOSOPHIE DE LA GUERRE.

___

CHAPITRE PREMIER.

Mœurs des Soldats. — Les armées d'autrefois et les armées d'aujourd'hui.

Mœurs des soldats. — Les armées d'autrefois et les armées d'aujourd'hui. — Éléments de la valeur. — Moyen de les développer. — Discipline. — Punitions corporelles. — Inadmissibles; dans quelles armées. — Puissance de l'opinion dans l'armée française. — Éloge et blâme, émulation. — Dignité respectée dans le soldat puni.—Mépris réservé seulement au lâche.—A quoi tient la valeur de l'homme. — Nuances infinies. — De la sévérité dans les détails. — De la confiance. — Le pouvoir est facile durant la paix. — Difficultés de son exercice dans le danger. — Énergie donnée par la confiance.—Devoir du chef relativement au soldat —Sublimes mouvements de son cœur. — Deux faits. — De l'activité.—Conditions de santé.— Exercices militaires. — Instruction; utilité des grandes manœuvres. — Émulation. — Créations en rapport avec les circonstances. — Association du soldat à la gloire commune. — Egypte, Hollande, Dalmatie.—Les noms des régiments et de leurs colonels inscrits sur les rochers qu'ils ont fendus, pour les percer de belles routes.—Des grands camps d'instruction. — Leur importance. — Leur effet sur l'armée de 1805. — Il faut les rendre permanents. — Pays sans culture. — Trois mois de séjour. — Algérie, vaste lieu d'exercice. — De la formation des armées régulières en Europe. — Des conditions féodales.— Les souverains dépendent de leurs vassaux. — Des finances. — Compagnie d'ordonnance.— Nécessité des revenus ré-

---

CHAPITRE DEUXIÈME.

De l'Esprit militaire et des difficultés du commandement.

projets. — Responsabilité nulle. — Certitude de l'obéissance après
comme avant l'événement. — Le général Bonaparte a eu plus de
mérite sous le rapport du commandement que l'empereur Napoléon.
— Parallèle. — Qui doit-on préférer pour commander les armées du
général ou du souverain. — Malheurs réparables. — Catastrophes
sans remède.

CHAPITRE TROISIÈME.

Portrait du général qui remplit toutes les conditions du commandement. — Bravoure. — Calme, sang froid, élan. — Nécessité d'une
réputation faite. — Quand elle n'existe pas, saisir avidement les occasions de l'obtenir. — Bravoure établie, réserve dans le danger. —
Qualité physique. — Il doit voir par lui-même. — Priviléges de la
jeunesse quand elle arrive au commandement. — L'habitude de l'o-
béissance diminue quelquefois les facultés. — Du prix du temps. —
Activité sans bornes. — Ubiquité. — Sévérité. — Sentiment de l'ordre. — De la bonté unie à la force. — Des punitions méritées. —
Considération due à l'habit du soldat. — Gravité du général. — Elle
n'exclut pas la familiarité. — Sur quoi se fonde cette dernière. — Facilité d'accès. — Importance de tout connaître. — Magnificence. —
En quoi elle doit consister. — Chevaux nombreux. — Pourquoi. —
Maison très hospitalière. — Avantages pour le service. — Luxe to-
pographique. — De la campagne de Marengo. — Du fort de Bard. —
Du petit Saint-Bernard. — Il était praticable à l'artillerie. — Passage
du grand Saint-Bernard. — Du secret. — Du vrai moyen de tromper
l'ennemi. — Comment on découvre ses intentions. — Naïveté des
prisonniers. — Indépendance nécessaire. — Liberté dans les combinaisons. — Le gouvernement ne doit point les enchaîner. — Confiance sans réserve. — Suite nécessaire de l'investiture du commandement.

CHAPITRE QUATRIÈME.

Des Réputations des généraux.

CHAPITRE CINQUIÈME.

Conclusion.

AVANT-PROPOS.

Aucun des ouvrages modernes, sur l'art ou les institutions militaires, ne renferme un corps de doctrine complet. Quelques traités spéciaux ont été publiés sur les différentes armes ; mais, en général, les principes de la matière n'y sont point établis. On y trouve des aperçus superficiels, des détails techniques et minutieux, sans indication suffisante du but et des moyens.

Les écrivains anciens ont approfondi davantage les questions militaires ; mais quel peut être l'à-propos de leurs théories, depuis que la découverte de la poudre à canon a modifié si complétement la science de la guerre !

Polybe et Végèce pourront encore satisfaire notre curiosité ; mais ne cherchons plus dans leurs écrits une instruction utile et applicable.

Les guerres anciennes et les guerres modernes

n'ont aucun point de ressemblance, si ce n'est le rapport moral, ou cette partie sublime de l'art qui consiste dans la connaissance du cœur humain ; connaissance si importante de tout temps pour la conduite des hommes, et qui, à la guerre, est encore d'une influence plus prompte et plus décisive.

Tout est changé dans la forme et la proportion des armes ; leur plus grande portée tient les combattants à de plus grandes distances ; elles impriment plus de terreur, et donnent aussi matériellement des résultats prodigieux.

Ajoutons que les combattants étaient autrefois en moindre nombre.

Le commandement surtout offre aujourd'hui bien plus de difficultés. Chez les anciens, qui combattaient toujours de la main, l'armée se formait compacte ; le petit nombre de soldats n'occupait qu'un espace très borné ; son front équivalait à peine à celui d'une de nos brigades. Un général pouvait, sinon voir chacun de ses soldats, du moins être vu de tous. Opérant sur une si petite échelle, le chef suprême pouvait se porter partout ; et ce chef était lui-même un combattant, donnant l'exemple le glaive à la main. De nos jours, le général combat par la volonté et la pensée ; son habileté à manier le glaive est sans importance ; l'esprit embrasse un bien autre espace que celui offert aux regards ; un général, en un mot, est bien moins un soldat, quoiqu'il doive le devenir parfois, qu'un être moral qui, par son influence sur les intelligences, semble gouverner les événements, comme les puissances mystérieuses de la nature.

Ainsi la guerre actuelle constitue un art tout nouveau, qui ne trouverait ni modèle ni enseignement dans les guerres des Grecs et des Romains.

Si les plus grands capitaines de l'antiquité, si Alexandre, Annibal, César, revenant sur la terre, tombaient sur un champ de bataille, leur génie n'y comprendrait rien; et ils auraient besoin de plus d'une campagne pour embrasser complétement le mécanisme du métier, les conséquences de nos institutions et des armes nouvelles.

Ces vérités sont si évidentes pour quiconque a fait la guerre, qu'on se demande comment, au temps de Louis XIV, on a pu prendre au sérieux les rêveries du chevalier Follard, et plus tard les rêveries plus folles encore de M. Dusmenil-Durand, au point d'établir un camp tout exprès (à Bayeux) pour faire des expériences comparatives de formation et de manœuvres. On sera plus étonné encore qu'un général de notre époque (1), officier de mérite dans son arme spéciale, ait écrit un gros livre pour ressusciter et amplifier ces égarements de l'esprit; et cependant s'il n'a pas figuré parmi les combattants, il avait pu au moins et dû voir des batailles.

____

(1) Le général du génie Rogniat.

Je me suis proposé de résumer dans un cadre étroit l'esprit des opérations, de l'organisation et des institutions militaires. J'ai cherché à démontrer que rien ne doit être laissé au hasard en cette matière; que tout doit y dépendre d'un principe générateur; d'où découlent des conséquences nécessaires.

On découvre un principe, en considérant bien le but, et en cherchant ensuite le meilleur moyen de l'atteindre.

Les principes reconnus, le génie en fait l'application; et c'est en cela que consiste tout l'art de la guerre.

Il m'a paru utile de les exposer de la manière la plus simple, et de composer comme un rudiment de l'art militaire, qui embrasse à la fois toutes les branches de cet art et les différents services des armées, en le dépouillant du charlatanisme, qui l'accompagne trop souvent.

A ces principes toutefois ne se borne pas l'étude de gens de guerre; ils doivent en outre lire attentivement l'histoire des campagnes des grands généraux; car tout le génie de ces hommes supérieurs est dans l'application.

Sous ce rapport, notre littérature militaire est fort riche; mais il y a un choix à faire. On remontera de préférence à la source; on s'en tiendra aux ouvrages de ceux même qui ont commandé; car il y a bien peu de fruit à espérer de ces campagnes racontées par des officiers subalternes, qui, étrangers à toutes les difficultés du commandement et souvent aux premières notions du métier, s'érigent en maîtres, en censeurs; nouveaux Thersites, ils sont mordants par le langage, mais faibles de cœur et de bras, plus faits, à leurs propres yeux, pour parler que pour combattre. Leurs ouvrages sont un tissu d'erreurs et de mensonges.

Au-dessus de tous les documents, dont on doit se pénétrer, se recommandent les écrits dictés par Napoléon, et publiés sous le titre de *Mémoires de Montholon*. A chaque ligne, on reconnaît le génie supérieur, la puissance du raisonnement, l'autorité du grand capitaine. Ses jugements ou ses explications, bien que susceptibles parfois de controverse, offrent d'immenses enseignements ; celui qui saura les méditer et les comprendre, aura l'instinct de la guerre.

Un ouvrage plus ancien, qu'on ne saurait trop étudier, est le livre publié par l'archiduc Charles d'Autriche, sous le titre de : *Principes de stratégie*. On y voit l'application de ses principes aux mouvements qu'il a opérés en 1796 contre les armées du Rhin et de Sambre-et-Meuse; c'est un tableau de toutes les règles de la grande guerre.

On lira aussi avec fruit les Mémoires du maréchal Gouvion-Saint-Cyr, et l'*Histoire de la campagne de Russie*, par M. de Ségur (1). C'est à de semblables

---

(1) J'ai visité, en 1826, pendant un jour entier, le champ de ba-

sources qu'on peut puiser une saine instruction ou les notions les plus sûres.

Je me suis occupé longtemps de la constitution des armées et de leur meilleur emploi; et je crois vrais les principes que je vais exposer. Je les recommande à cette jeunesse ardente, intelligente et valeureuse qui nous a remplacés; c'est pour elle que j'ai écrit.

L'ouvrage que je publie, est le dernier contingent que je puisse offrir, à la fin de ma vie, au profit d'une science que j'ai cultivée toujours avec ardeur, et d'un métier que j'ai fait avec passion.

Mes loisirs ont trouvé un grand charme à ce résumé de mes études et de mes souvenirs. C'est le fruit d'ailleurs des méditations, qu'ont pu développer dans mon esprit mes longs et fréquents entretiens avec Napoléon, vingt campagnes de guerre, et plus d'un demi-siècle d'expérience.

---

taille de la Moskowa, avec plusieurs officiers français et russes qui avaient assisté à la bataille; j'ai lu sur le terrain les trois relations connues de Ségur, de Chambray, de Batourline; d'après mon opinion, c'est la première qui seule rende un compte exact de la manière dont les choses ont dû se passer.

DE L'ESPRIT

DES

INSTITUTIONS MILITAIRES.

PREMIÈRE PARTIE.

THÉORIE GÉNÉRALE DE L'ART DE LA GUERRE.

CHAPITRE PREMIER.

De l'Esprit des Institutions Militaires. — Définitions.

Avant d'entrer en matière, je commencerai par quelques définitions.

L'art de la guerre est l'ensemble des connaissances nécessaires pour conduire une masse d'hommes armés, l'organiser, la mouvoir, la faire combattre, et donner aux éléments qui la composent leur plus grande valeur, tout en veillant à leur conservation.

Le génie de la guerre consiste dans le talent de les appliquer à propos, d'aviser les meilleures combinaisons avec sûreté et promptitude, au milieu des dangers et des crises.

Le génie de la guerre est incomplet, si, à la faculté de ces combinaisons, que j'appellerai techniques, un général ne joint pas la connaissance du cœur humain; s'il n'a pas l'instinct de deviner ce qui se passe dans l'âme de ses soldats et chez l'ennemi. Ces inspirations si variables forment le moral de la guerre; action mystérieuse, qui donne une puissance du moment à une armée, et fait qu'un homme en vaut dix, et que dix ne valent pas un seul.

Il est deux autres facultés également nécessaires, l'autorité et la décision, qui sont des dons de la nature.

Toutefois, si, pour être un grand général, il faut beaucoup d'intelligence, il faut encore plus de caractère. C'est le caractère qui préside à l'exécution; c'est lui qui, dans l'antiquité et les temps modernes, a fait le plus briller les généraux de premier ordre.

Les arts militaires consistent dans la connaissance des procédés scientifiques ou mécaniques, qui règlent les détails de l'action et l'emploi des moyens.

Ainsi la stratégie, la tactique, l'artillerie, les fortifications, l'organisation, l'administration des armées sont des arts militaires qui doivent être familiers à un général. Chaque art a sa théorie; mais le talent de s'en servir avec avantage demande des applications fréquentes et l'esprit d'observation.

De tous les événements humains, ceux de la guerre réclament le plus sans contredit le concours de cet auxiliaire, qu'on appelle l'expérience. Il faut s'accoutumer aux dangers, à cette physionomie des batailles, qui présente tant de phénomènes divers. L'homme, né brave, pourra du premier abord s'exposer aux périls sans crainte et souffrance, quelquefois même avec plaisir; mais il n'acquerra, que par le temps, la faculté d'apprécier, comment il peut faire, en la sacrifiant, l'emploi le plus utile de sa vie.

Enfin, *le métier des armes*, c'est la vie consacrée aux travaux militaires; et cette expression s'applique particulièrement à ceux qui exécutent.

CHAPITRE DEUXIÈME.

Principes Généraux.

Les principes généraux, pour la conduite des armées, sont peu nombreux; mais leur application fait naître une foule de combinaisons qu'il est impossible de prévoir et de poser comme règles.

Les conditions dans lesquelles se trouve une armée, varient à l'infini; les points de vue principaux sont la nature des éléments qui la composent, l'état relatif des deux armées, le théâtre de la guerre et les pays voisins, le rôle à jouer, offensif ou défensif; la réputation, le caractère du général qu'on doit combattre, etc. , etc.

Toutes ces circonstances diverses ouvrent un champ immense aux combinaisons; l'esprit le plus vaste ne suffit pas à les embrasser toutes. Aussi les plus grands généraux font-ils des fautes; les meilleurs sont ceux qui en font le moins. Plus on admet d'éléments dans ses calculs, plus on domine les événements; la prévoyance doit embrasser le possible comme le probable; on se garantira même contre les risques fortuits. C'est ainsi qu'au jour des revers, on prévient les grandes catastrophes.

Cette prévoyance était l'une des plus hautes facultés de Napoléon dans son bon temps; ses adversaires en ayant été presque toujours dépourvus, les résultats qu'il a obtenus alors ont étonné le monde.

J'établirai comme principes, quelques règles qu'un général ne doit jamais perdre de vue. J'indiquerai le but; mais les moyens sont toujours subordonnés aux circonstances.

Deux armées étant à peu près de même force, et dans un même état moral, les chances sont égales. Pour les rendre plus favorables, on combine ses mouvements de manière à tromper l'ennemi; en lui inspirant des craintes qui le portent à diviser ses forces. Alors le général le plus habile, rassemblant brusquement les siennes, accable son adversaire; et la supériorité momentanée qu'il a su acquérir, lui facilite beaucoup la victoire.

La supériorité numérique, à l'instant du combat, est d'une extrême importance. Sans doute la qualité des troupes est plus à considérer que le nombre; mais, dans l'état actuel des armées de l'Europe, le nombre et l'ensemble des moyens concourent puissamment au succès. Il en est autrement quand elles combattent des barbares, qui, dépourvus d'instruction et sans discipline, ne forment aucune agrégation compacte; opérant sans ensemble et sans harmonie, ils sont toujours inférieurs, dans un temps donné, à la masse plus faible, mais bien unie, qui leur est opposée. Deux attaques réitérées sans succès, et souvent une seule, décident les moins braves à s'éloigner; les autres subissent la contagion de l'exemple, et bientôt tout a disparu. L'opinion alors remplace les armes. Ainsi s'expliquent les guerres des Grecs contre les Perses, les batailles de Marathon et de Platée, les conquêtes d'Alexandre, les triomphes des petites armées romaines sur les Germains et les Gaulois, et, de notre temps, le succès des armées européennes contre les Turcs, malgré la disproportion du nombre.

Dans le but de disperser les forces de l'ennemi, il faut l'inquiéter particulièrement sur les points nécessaires à sa sûreté, et saisir avec promptitude le moment où il a cédé à des apparences pour l'attaquer sur un point faible avec des forces supérieures. C'est précisément ce qu'on appellerait une feinte, en terme d'escrime, et l'épée à la main dans un combat singulier. Deux ou trois avantages partiels en préparent de plus considérables qui décident du sort de la campagne.

On voit par là combien il importe à un général de prendre l'initiative dans les mouvements : on domine alors la pensée de l'adversaire, et un premier succès donne quelquefois un ascendant qu'on ne perd plus. Mais il faut épier le moment favorable. Une trop grande disproportion dans les forces et les moyens divers sera un obstacle insurmontable ; on attendra que la confiance de l'ennemi l'ait induit en quelques fautes. Profitant de l'occasion avec diligence, un général habile peut obtenir un avantage qui lui permette d'intervertir les rôles, et de passer de la défensive à l'offensive.

C'est ce qui arriva, notamment en 1796, dans l'immortelle campagne d'Italie. L'armée française, parvenue aux frontières du Tyrol, et en position défensive, se trouvait bien inférieure à l'armée autrichienne, augmentée des renforts que Wurmser avait amenés en personne. Le général ennemi, en attaquant, avait divisé ses forces ; le général français réunit les siennes, et bientôt un premier succès lui permit de prendre l'offensive à son tour. De là, une série de victoires dans des combats où presque toujours l'armée française fut supérieure en nombre, sur le champ de bataille.

Pour résumer d'un mot cette partie de l'art de la guerre, qui s'applique aux mouvements généraux des armées, il faut dire qu'elle est toujours fondée sur un calcul de temps, de distance et de vitesse.

CHAPITRE TROISIÈME.

De la Stratégie.

———

Les mouvements généraux, qui s'exécutent hors de la vue de l'ennemi et avant la bataille, s'appellent *Stratégie*.

Napoléon en avait particulièrement le génie; aucun général ne l'a surpassé à cet égard; nul n'a mieux su reconnaître d'avance le point où il devait frapper.

Une grande armée se compose de plusieurs colonnes; elles sont nécessairement séparées, pour vivre et se mouvoir avec facilité. Il faut que les parties les plus éloignées puissent arriver à temps pour la bataille, soit qu'elles doivent prendre part au combat, ou servir seulement de réserve. Le but de la stratégie est de combiner la marche pour la réunion la plus prompte sur un même point, tantôt au centre, tantôt à l'une des ailes. Une marche ainsi réglée est ce que Napoléon appelait son échiquier.

Ses premières campagnes ont eu toutes ce ca-

-ractère; excepté à Marengo, où, s'éloignant de ce principe, il fut au moment de succomber ; on le vit toujours, le jour de l'action, rassembler sur le champ de bataille toutes les forces dont il pouvait raisonnablement disposer.

Moreau, au contraire, dont on a tant vanté les talents, n'entendait rien à la stratégie. Son habileté se montrait dans la tactique. Très brave de sa personne, il maniait bien, en présence de l'ennemi, les troupes occupant un terrain que sa vue embrassait; mais il a livré ses principales batailles avec une partie de ses forces seulement.

A Hohenlinden, où le succès fut si éclatant, Moreau devait être défait; et il l'eût été probablement, si les Autrichiens n'avaient pas manœuvré avec une incurie sans exemple. L'armée française était composée de douze divisions; les trois de la droite commandées par le général Lecourbe, et les trois de la gauche, sous la conduite du général Sainte-Suzanne, n'assistaient pas à la bataille. L'armée autrichienne était réunie, mais décousue dans sa marche : la colonne du centre, qui ne rencontrait aucun obstacle et suivait la grande route avec presque toute l'artillerie, se présenta seule et sans être formée; elle put être attaquée sur son flanc. Une fortune semblable n'était pas due aux dispositions du général Moreau. Le général Richepanse, homme de tête et de courage, se trouvant avec sa division entouré par les troupes autrichiennes, qui commençaient à s'organiser, fit face partout, et s'empara de deux cents pièces de canon, qui marchaient en colonne sur la chaussée.

La réunion d'une armée, au moment du combat, étant le but, et la rapidité des marches, le moyen, les divisions, qui sont les unités, doivent se combiner, et, à cet effet, être très mobiles. Une armée aura toujours, quoiqu'il arrive, une marche lente; mais la rapidité peut être donnée aux éléments qui la composent. Aussi convient-il de ne pas surcharger les divisions d'artillerie et d'approvisionnement. Je n'approuve pas l'usage des Russes, qui les encombrent de bouches à feu. Les grandes réserves en matériel et en approvisionnements de toute espèce, doivent avoir une marche indépendante, se suffire à elles-mêmes, et, au besoin, être escortées de troupes spéciales. C'est au général en chef à les tenir toujours à portée du lieu où l'on peut le mieux les utiliser, selon leur destination.

Il est un autre objet qui doit appeler toute la sollicitude d'un général; c'est qu'il couvre parfaitement sa ligne d'opération, tout en menaçant celle de l'ennemi. Des communications libres sont nécessaires à l'entretien d'une armée; une fois perdues, l'état moral est compromis. La confiance, cette puissance de l'opinion, que rien au monde ne supplée dans les troupes, ne résiste pas toujours à une pareille épreuve.

D'où la nécessité d'une large base d'opération.

Plus cette base est étendue, mieux la ligne d'opérations est couverte. C'était un axiome fondamental de Napoléon ; il ne s'en est jamais écarté impunément. Dans ces belles campagnes de 1805, 1806 et 1809, il a donné de grands exemples, et profité avec habileté des avantages que lui présentait la direction de notre frontière.

Deux armées qui ont des bases d'opérations parallèles et de même étendue, sont dans des conditions semblables ; et l'une d'elles, en tournant l'autre, est aussi forcément tournée. Mais il n'en est pas de même, si les deux bases d'opérations sont de différentes longueurs ou inclinées l'une à l'autre.

En 1805, l'armée française, après la belle marche des côtes de la Manche en Allemagne, se dirigea sur le flanc et les derrières de l'armée autrichienne, qui avait envahi la Bavière. Une bataille perdue sur le Danube l'aurait rejetée sur le Rhin ; une bataille gagnée fit mettre bas les armes à l'armée vaincue.

En 1806, l'armée française, au début de la campagne, se trouva sur le flanc de l'armée prussienne ; elle ne conservait pas moins ses communications libres avec la France depuis Mayence jusqu'à Bâle ; et ces communications étaient si bien assurées, qu'un revers ne pouvait avoir de grandes conséquences ; et une seule victoire amena les résultats que l'on connaît.

En 1812, quand Napoléon s'éloigna sans mesure de son point de départ (car il faut remarquer que la dimension d'une base d'opérations, pour satisfaire aux besoins, n'est pas absolue, mais relative à la longueur de la ligne d'opérations), sa base disparut. Établie d'abord sur la position de divers corps d'armée, elle eût suffi, si l'armée fût restée plus voisine de la frontière. Mais ces corps étant abandonnés à eux-mêmes, mobiles, soumis aux chances de la guerre, et rencontrant des corps ennemis d'une force au moins égale, l'armée finit par perdre toutes ses communications. Arrivé sur les bords de la Bérézina, Napoléon devait succomber; et c'en était fait des débris de l'armée sans une espèce de miracle, dont l'amiral Titsakoff et le général Kapevick peuvent s'attribuer le mérite.

En résumé, la stratégie a un double but :

1° Réunir toutes les troupes, ou le plus grand nombre possible, sur le lieu du combat, quand l'ennemi n'y a qu'une partie des siennes; en d'autres termes, se ménager une supériorité numérique pour le jour de la bataille.

2° Couvrir et assurer ses propres communications, tout en menaçant celles de l'ennemi.

CHAPITRE QUATRIÈME.

De la Tactique.

La tactique est l'art de manier les troupes sur un champ de bataille, et de les faire marcher sans confusion. Il s'agit de maintenir l'ordre au milieu du désordre apparent produit par cette multitude d'hommes, de chevaux, de machines, dont la réunion compose une armée, et d'en tirer le plus grand parti possible.

La tactique est la science de l'application des manœuvres ; on peut être grand manœuvrier, sans aucun génie ; et on ne devient tel que par un grand usage. Rien de si simple à concevoir que la théorie ; mais la pratique n'est pas sans difficultés. Il faut que le général soit familiarisé avec les moyens prévus et calculés par les ordonnances ; que, d'un coup d'œil, il sache juger le terrain, évaluer les distances, déterminer nettement la direction, apprécier les détails, combiner l'enchaînement des circonstances.

Ce genre de mérite était incomplet chez Napoléon; ce qui s'explique par la première partie de sa carrière.

Simple officier d'artillerie, jusqu'au moment où il est arrivé à la tête des armées, jamais il n'a commandé ni régiment, ni brigade, ni division, ni corps d'armée (1). Il n'avait pu acquérir cette faculté de mouvoir les troupes sur un terrain donné, que développe l'habitude de tous les jours en variant sans cesse les combinaisons. Les guerres d'Italie ne lui offrirent presque aucune application de cette nature, les actions habituelles se réduisant, en général, à des combats de postes, à l'attaque ou à la défense de défilés, à des opérations dans les montagnes.

Plus tard, quand il fut parvenu au pouvoir suprême, la force des armées qu'il conduisit, exigeant leur organisation en corps, d'armée, rendit moins nécessaire l'habitude des manœuvres. Un général, à la tête de 80, 100 ou 150 mille hommes ne donne que l'impulsion; il fixe les principaux points des mouvements; il arrête les con-

---

(1) C'est le général de brigade Chanez, ancien sergent de gardes françaises, commandant la place de Paris pendant l'hiver de 1795-96, qui enseigna les manœuvres au général Bonaparte, alors général en chef de l'armée de l'Intérieur.

ditions générales de la bataille ; il pourvoit enfin aux grands accidents qui surviennent ; c'est la providence vivante de l'armée. Les généraux qui manœuvrent et combattent sont ceux qui commandent 30,000 hommes, et les 'généraux sous leurs ordres. Ceux-là doivent être familiarisés avec la tactique. Si j'ai eu quelque réputation à cet égard, je la dois à mon long séjour au camp de Zeist, où, pendant plus d'une année, j'ai constamment été occupé à instruire d'excellentes troupes et à m'instruire moi-même, avec cette émulation et cette ferveur que donne un premier commandement en chef dans les belles années de la jeunesse.

La tactique a le même but que la stratégie, mais sur une échelle moindre et sur un théâtre différent. Au lieu d'opérer sur un vaste pays, et pendant des jours entiers, on agit sur un champ de bataille dont l'œil embrasse l'étendue, et les mouvements s'accomplissent en quelques heures. La base des combinaisons, le but proposé est toujours d'être plus fort que l'ennemi sur un point déterminé de la bataille. Le talent est de faire arriver inopinément sur les positions les plus accessibles et les plus importantes, des moyens qui rompent l'équilibre, et donnent la victoire ; d'exécuter enfin avec promptitude des mouvements qui déconcertent l'ennemi et le prennent au dépourvu.

A cet effet, il est essentiel d'employer à propos

ses réserves; là est le génie de la guerre. On évitera avec soin qu'elles s'engagent trop tôt ou trop tard : trop tôt, c'est user inutilement ses moyens, et s'en priver pour le moment où ils seront le plus nécessaires ; trop tard, c'est permettre ou que la victoire demeure incomplète, ou que le revers s'accroisse et devienne irréparable.

Il faut obliger chacun à dépenser la totalité de l'énergie qu'il possède ; mais vient l'épuisement, et c'est à ce moment, si important à reconnaître, qu'il est urgent d'envoyer les secours ; du reste, on ne manque pas de les demander longtemps avant l'urgence.

Napoléon était très habile à cet égard ; il voyait nettement le nœud de la bataille. A Lutzen, il m'en a fourni une grande preuve. La bataille fut donnée inopinément. Croyant à la retraite de l'ennemi, il était parti pour Leipsig avec deux corps d'armée, et m'avait prescrit de faire une forte reconnaissance sur Pegau. Partant de Viphach où j'avais passé la nuit, je crus prudent de faire mon mouvement par la rive droite du ravin, quoique ce chemin fût plus long ; je ne voulais pas compromettre mes communications avec le gros de l'armée. Cette circonstance fut son salut. Je me trouvais à Starfiedel tout formé, précisément au moment où l'ennemi ayant surpris le 3e corps, allait l'envelopper et le détruire. J'eus le temps de le couvrir en partie, et de protéger sa droite pendant qu'il courait aux armes. La bataille s'engagea sur le champ; d'immenses masses de troupes, une énorme cavalerie, et une artillerie considérable m'attaquèrent; pendant que le 3ᵉ corps soutenait à Kaya un combat d'infanterie fort opiniâtre, Napoléon accourut sur ce point. Les forces que j'avais devant moi ne cessant de s'accroître, j'envoyai lui demander des renforts; il me fit répondre que la bataille était à Kaya, et non à Starsiedel; et il avait raison. J'avais empêché que la bataille ne fût perdue à son début, mais c'est au centre qu'elle fut gagnée.

Dans d'autres circonstances, Napoléon jugea moins sainement.

A la Moskova, il montra une circonspection funeste, en refusant de faire marcher sa garde, lorsqu'à deux heures le général Belliard vint la lui demander. L'armée russe était alors dans la plus grande confusion; des résultats immenses eussent été obtenus avec des troupes fraîches; une heure de repit sauva l'ennemi.

Napoléon fut ainsi infidèle à l'un de ses principes favoris que je l'ai entendu répéter : « c'est que ceux qui gardent des troupes fraîches pour le lendemain d'une bataille, sont presque toujours battus. » Il ajoutait : « on doit, s'il est utile, faire donner jusqu'à son dernier homme, parce que le lendemain d'un succès complet, on n'a plus d'obstacles devant soi ; l'opinion seule assure de nouveaux triomphes au vainqueur. »

De même, à Waterloo, Napoléon fit donner sa

garde trop tard. Si elle avait marché pendant que la cavalerie faisait des prodiges, l'infanterie anglaise eût été probablement culbutée; et l'armée française, débarrassée des Anglais, eût pu recevoir, combattre, et vaincre les Prussiens.

En résumé, la tactique peut donc se définir : l'art des mouvements exécutés en présence de l'ennemi avec la formation qui offre le plus d'avantages, et qui est le plus en harmonie avec les circonstances.

CHAPITRE CINQUIÈME.

Des Manœuvres.

Les manœuvres sont le moyen de la tactique. Elles consistent dans l'art de mouvoir des masses et de les faire passer, sans confusion et rapidement, de l'ordre de marche à l'ordre de combat, même au milieu du feu, et réciproquement.

On peut combattre et marcher avec toutes les formations ; mais il y a des formations préférables, les unes pour combattre, les autres pour marcher, et celles du combat varient encore selon les circonstances.

Ainsi on se déploie, quand on doit recevoir l'ennemi en position, et qu'il marche, pour le soumettre à un grand feu ; autrement, il approcherait presque sans péril. Si l'on marche à lui, on peut encore être déployé ; mais ce n'est pas sans de grands dangers, à raison du flottement qu'amène toujours une marche en bataille, et du désordre qui peut en résulter. Il est préférable alors de n'a-

voir qu'une partie de ses troupes déployées, et
de les entremêler de colonnes, qui sont autant de
points compacts où l'autorité des officiers à moins
de peine à maintenir l'ordre. C'est dans cette formation, que la droite et le centre de l'armée française d'Italie ont traversé, en 1797, les vastes
plaines du Tagliamento, en présence de l'armée
autrichienne.

L'attaque d'une position, exigeant la marche la
plus rapide, et le terrain à parcourir étant souvent
hérissé d'obstacles, les troupes doivent toujours
être formées en colonnes par bataillons. Ces petites masses sont faciles à mouvoir ; elles traversent sans efforts tous les défilés ; la queue, moins
exposée au feu de l'ennemi que la tête, pousse celle-
ci, et l'on arrive plus vite.

Pour complément de cette disposition, de nombreux tirailleurs doivent précéder les colonnes et
marcher dans une direction correspondante aux
intervalles des bataillons, de manière à diviser le
feu de l'ennemi et à couvrir le déploiement, s'il
devient nécessaire, sans masquer les têtes de colonnes qui peuvent commencer immédiatement leur
feu. Les tirailleurs ainsi placés se trouvent appuyés ; ils ont des points de ralliement désignés et
à portée ; et ils ne peuvent jamais être compromis.

La formation en carré ne peut être qu'acciden-
telle, et pour résister, dans un pays découvert, à

l'attaque d'une nombreuse cavalerie. Comme cette formation s'accorde difficilement avec les mouvements, et avec un combat contre de l'infanterie, les troupes doivent être accoutumées à passer le plus rapidement possible de l'ordre déployé à l'ordre profond, et réciproquement.

Nous avons vu cependant en Egypte, les troupes formées en carrés, pour la marche et pendant des jours entiers. Mais cela tenait à deux causes : on voulait rassurer les soldats contre les attaques impétueuses d'un ennemi nouveau, et mettre à couvert les malades, les blessés, et l'artillerie. On donna même aux carrés une épaisseur superflue, et presque ridicule, en plaçant les hommes sur six rangs. Il est vrai qu'on supprima bientôt ce que ces précautions avaient d'exagéré, et l'on se contenta d'un carré sur trois rangs et même sur deux : encore ne recourait-on à cette formation qu'au moment où l'on prévoyait une charge immédiate de l'ennemi.

En général, la marche carrée est détestable ; si peu qu'elle se prolonge, elle amène le désordre ; car les conditions de la marche ne sont pas les mêmes sur les différents côtés du carré, les uns marchant en bataille, et les autres par le flanc.

DEUXIÈME PARTIE.

DE L'ORGANISATION, DE LA FORMATION ET DE L'ENTRETIEN DES ARMÉES.

CHAPITRE PREMIER.

De l'Organisation et de la formation des Troupes de l'Infanterie et de la Cavalerie.

L'organisation et la formation des troupes ne sont pas choses arbitraires ; elles ont pour but de rendre compacte une réunion d'hommes, et d'en faire un tout, une unité qui soit mobile : les règles à trouver reposent sur des conditions déterminées par les facultés de l'homme et par la nature des armes qu'il emploie.

Pour former des troupes, il faut d'abord établir l'ordre et assurer l'obéissance. C'est dans ce but, qu'on a imaginé un classement et des liens successifs, qui, combinés avec habileté, obligent une grande masse d'individus à subir l'action de l'autorité.

PREMIÈRE SECTION.

De l'Infanterie.

On a commencé à former une petite agrégation, facile à dominer : on a réuni plusieurs de ces agrégations et soumis leurs chefs à un chef supérieur ; dans ce cas, l'unité n'est plus l'homme, mais une réunion d'hommes.

Ainsi une escouade, composée de 18 à 20 hommes, obéit à un sergent aidé de caporaux ; les escouades réunies forment une compagnie, que commande le capitaine aidé d'officiers ; et plusieurs compagnies forment une autre masse, qu'on appelle bataillon. Le chef, en contact seulement avec 4, 6 ou 8 hommes, commande, par leur intermédiaire, et agit ainsi sur l'ensemble.

La compagnie est l'élément de l'organisation, de la discipline et de l'administration ; le bataillon est le véritable élément militaire dans l'infanterie, l'unité pour la bataille : c'est par bataillon qu'on se meut et qu'on manœuvre ; c'est par bataillon que l'on combat.

Quant à la force du bataillon, elle peut varier,

mais dans certaines limites qui tiennent à la nature même des choses ; il ne faut pas prendre à la lettre le proverbe : *le Dieu des armées est pour les gros bataillons ;* proverbe, du reste, qu'on a entendu sans doute appliquer aux grosses armées, désignant la partie pour le tout. Deux conditions sont à observer dans la composition numérique du bataillon. Il faut qu'il soit mobile, et que, déployé, il puisse entendre des deux extrémités la voix qui commande. Dans ces limites, on accroîtra plus ou moins le nombre des compagnies, ou le personnel de chacune.

Il y a une proportion à établir dans le nombre des officiers et soldats. Celle indiquée par l'expérience, comme alliant le mieux l'économie à un bon service, est un officier pour 40 soldats ; ou 25 officiers pour un bataillon de 1000 hommes. On comprend, au surplus, que le grand nombre d'officiers n'a que l'inconvénient de coûter trop à l'état ; sous tout autre rapport il est utile, soit en multipliant les moyens d'action, de surveillance et les exemples de courage, soit en facilitant les récompenses par un avancement plus rapide.

L'effectif de l'organisation varie selon les nations. Les bataillons les plus forts sont en Autriche, les plus faibles en Angleterre.

Le complet en Autriche dépasse 1200 hommes : c'est trop pour un bon service ; on ne saurait, en tel nombre, se mouvoir avec ordre et facilité.

Je vois pourtant un avantage dans cette disposition : comme les pertes, à la guerre, se renouvellent toujours, et que les remplacements se font attendre, un bataillon aussi nombreux résiste plus longtemps; une grande diminution dans ses forces ne le met point hors de service.

En France on a eu habituellement des bataillons faibles, et leur effectif est encore presque toujours au-dessous du complet d'organisation.

Je poserai comme limite 1000 hommes par bataillon; et cela, parce que ce nombre ne se conserve pas entier, quand on passe de l'état de paix à l'état de guerre, quand on quitte la garnison pour entrer en campagne. D'après une observation constante, le corps le mieux administré et le plus en état, subit alors une diminution du cinquième, par les hommes aux hopitaux, les ouvriers qui restent au dépôt, les hommes aux équipages, etc., etc. Un bataillon de 1000 hommes n'en a donc plus que 800 sous les armes ; après quelques mois de campagne, il se réduit à 500, force encore suffisante devant l'ennemi.

La formation adoptée pour les bataillons, influe aussi sur la composition numérique.

Dans toutes les armées du continent, l'infanterie est formée sur trois rangs : elle l'est sur deux en Angleterre. Cette dernière formation me paraît bien préférable. Rien ne justifie le troisième rang.

Sans entrer dans le détail des feux, j'invoquerai l'expérience. On peut, à l'exercice, faire feu sur trois rangs, mais non à la guerre. L'ordonnance française prescrit de passer l'arme au troisième rang, en le destinant uniquement à charger les armes. C'est de la théorie non applicable devant l'ennemi, et qu'une pratique raisonnée a mise hors d'usage. On se bat à coups de fusil, quand on est en position. La meilleure formation est donc celle qui facilite davantage le feu, qui lui donne plus de direction et de développement; en fait, le 3e rang se fond bientôt de lui-même dans les deux premiers : on prend par instinct la formation la plus avantageuse : mais ce changement se faisant contre l'ordre, entraîne une sorte de désorganisation; il vaut mieux, dès lors, consacrer cette formation et la rendre permanente.

En plaçant les troupes sur trois rangs, on a voulu, sans doute, leur donner plus de consistance pour la marche en bataille; mais le moyen n'est pas suffisant. Même avec trois rangs, une ligne en mouvement est peu solide; et pour la marche en bataille, je préférerais une formation plus épaisse.

Toutefois, avec une légère modification, la formation sur deux rangs peut remplir toutes les conditions demandées. Voici comment :

En position, les troupes ont par le fait un front moitié plus grand. Dans la marche en bataille, ployez les 1re et 4e divisions en arrière des 2e et 3e. Vous aurez 4 rangs ; et au moment de halte, vous présenterez un front, moindre d'un cinquième, il est vrai, que celui de la formation actuelle ; mais, en deux minutes, il sera doublé. Voilà donc, pour la marche, une formation solide et compacte, qui permet à un bataillon de faire feu partout, dans le cas d'une charge inopinée de la cavalerie ennemie qui l'enveloppe ; et cela par un demi-tour, exécuté par les 1re et 4e divisions qui doublent les 2e et 3e.

La formation sur deux rangs, avec cette disposition apportée à la marche en bataille, me paraît incontestablement la meilleure.

Après la formation du bataillon, vient celle du régiment. Ici tout est arbitraire et dépend des caprices du pouvoir : le régiment sera de 2 ou 3, ou de 4, 5 et 6 bataillons ; ce n'est qu'une question d'administration et d'économie.

Les régiments composés de beaucoup de bataillons sont moins chers, à nombre d'hommes égal ; il y a l'économie des états-majors et les avantages de la vie commune, appliqués à un plus grand nombre. Ces régiments ont en général un meilleur esprit, un esprit de corps plus énergique, parce qu'il y a plus d'individus concourant à sa réputation et à sa gloire. Ils ont plus d'éclat dans l'opinion, leur force les mettant en mesure d'exécuter seuls de plus grandes choses. Dans les guerres d'invasion, dans l'occupation de vastes pays, les régiments, ainsi constitués, peuvent former des échelons pour rassembler les hommes restés en arrière. Ces corps intermédiaires reçoivent les recrues, les dressent et alimentent les bataillons qui sont en face de l'ennemi. On obtient ainsi une grande économie d'hommes ; économie non moins importante que celle de l'argent.

En général, le régiment est une formation essentiellement administrative ; il se rattache à une sorte de constitution sociale, animée d'un esprit patriotique et de famille.

Le colonel est le chef de cette espèce de cité, le père, le magistrat ; et, sans vouloir assurément déprécier le courage, première des vertus militaires, les qualités essentielles d'un colonel, celles qui influent le plus sur la bonté d'un régiment, sont moins une intrépidité extraordinaire, que l'esprit d'ordre, de justice et une grande fermeté. Les meilleurs corps sont ceux ainsi commandés.

En principe, un régiment d'infanterie doit être instruit pour tous les services, et il est dans les conditions et les besoins de la guerre qu'il ait une infanterie légère qui lui soit propre. Cependant on a jugé utiles des corps spéciaux, et je partage cette opinion. Pour les avant-gardes, pour des détachements, dans des pays coupés et de montagnes, il est besoin d'hommes doués d'une instruction particulière, sachant mieux par un instinct propre surmonter les obstacles, et qui, exercés à une plus grande adresse, parviennent à rendre leur feu plus meurtrier.

Mais à mon avis, dans aucune armée, on n'a suivi les véritables principes.

En France et en Russie, on a des régiments d'infanterie légère ; ces corps, au nom et à l'habit près, ne diffèrent en rien des régiments de ligne ordinaires.

On a établi récemment en France les chasseurs de Vincennes. C'est une bonne institution, mais incomplète tant que les bataillons qui composent ce corps, ne seront pas divisés en bataillons de campagne et en bataillons de garnison, d'après les principes que j'expose plus loin.

En Autriche, on a des bataillons de chasseurs ; en Angleterre, des compagnies qui appartiennent à un régiment, qui ne quitte jamais le dépôt. Ces deux organisations valent mieux que la nôtre ; mais elles auraient encore besoin de modifications.

Les régiments d'infanterie ont leurs voltigeurs : sous ce rapport, on satisfait déjà à un besoin immédiat. En recrutant les voltigeurs dans les compagnies du centre, on peut toujours choisir les hommes en état de rendre de bons services.

Les corps spéciaux d'infanterie légère doivent avoir une force proportionnée aux besoins des grosses avant-gardes et des guerres de montagnes. Des régiments de plusieurs bataillons sont trop forts pour ce service ; et comme il nécessite une division extrême des soldats, un chef n'en peut pas commander un grand nombre. Il faut donc adopter une organisation qui ne fasse présenter à l'ennemi qu'un fort bataillon.

C'est le cas d'avoir de très fortes compagnies. Je voudrais, qu'un bataillon d'infanterie légère, fût de 1200 hommes, et formé de six compagnies de 200 hommes chacune, commandées par cinq officiers. Mais il ne suffit pas pour ces troupes d'une instruction particulière et d'une formation spéciale, il faut plus de force et de jeunesse qu'ailleurs ; le choix des hommes importe beaucoup.

Si vous formez un corps nouveau, vous pouvez le constituer de la manière la plus satisfaisante : mais, au bout de quelques années, vous aurez, pour conduire de jeunes soldats, des cadres pesants, et le corps aura perdu toute son agilité.

Il faut que les corps d'infanterie légère soient composés de deux bataillons, l'un de 1200 hommes, destiné à être toujours tenu au complet et à faire constamment la guerre ; l'autre de quatre compagnies, composé de 6 ou 800 hommes, que j'appellerai bataillon de garnison, destiné à instruire les recrues, à recevoir tous les hommes encore en état de service, mais qui ne sont plus propres à la guerre d'avant-postes, qui exige tant de force et de jeunesse.

Je vois un autre avantage dans cette disposition : on place sous la main d'un général de très bons corps, qu'il peut employer à faire la garnison des places ou des postes fortifiés menacés par l'ennemi.

Je sais qu'on se résout avec peine à mettre dans

une place un bon régiment ou partie d'un bon régiment, en état de faire campagne ; et cependant qu'il est absurde et funeste d'en confier la garde et la défense à de mauvais corps ? Ils rendent la place aux premières attaques de l'ennemi, et le général voit disparaître le point d'appui sur lequel il comptait, au moment où il lui était le plus nécessaire.

En Espagne, j'en ai fait deux fois la douloureuse expérience. Le général Dorsenne avait formé la garnison de Cuidad-Rodrigo avec de mauvaises troupes ; et cette place qui avait résisté pendant vingt-cinq jours de tranchée ouverte au siége de l'armée française et aux moyens les plus puissants, fut enlevée en quatre jours par les Anglais, pendant que l'armée du Portugal volait à son secours.

Plus tard, j'avais fait fortifier, avec le plus grand soin, le passage du Tage à Almaras, afin d'assurer la communication de l'armée de Portugal avec celle du midi de l'Espagne. Des ouvrages revêtus en maçonnerie, avec réduit, couvraient la rive gauche ; des forts avancés défendaient le seul passage par lequel l'artillerie ennemie pût déboucher. Ce poste d'Almaras était d'une grande importance ; j'y avais placé des garnisons d'une force suffisante. Mais les troupes étaient mélangées, et les mauvaises en majorité, notamment un bataillon allemand dit *Prussien*. Les bonnes troupes occupaient les postes avancés qui défendaient le col de Miravette. L'ennemi se présenta inopinément ; la colonne Anglaise, qui conduisait l'artillerie, s'arrêta et ne put passer. Mais une autre colonne ayant traversé par des sentiers la ceinture de rochers qui borde le plateau, arriva avec des échelles et monta à l'assaut. Il suffisait de la moindre résistance pour repousser une attaque si audacieuse, exécutée en plein jour. Le commandant du fort, le major Aubert, très brave soldat, monta sur le parapet pour encourager ses troupes intimidées ; il fut tué ; sa mort jeta la terreur parmi les siens et la garnison s'enfuit de l'autre côté du Tage, abandonnant le fort à l'ennemi, qui se retira après en avoir désorganisé les moyens de défense.

DEUXIÈME SECTION.

De la cavalerie.

Dans la cavalerie, comme dans l'infanterie, on doit avant tout se proposer pour but, l'ordre, l'obéissance, la mobilité ; mais la manière de combattre et la nature des armes, n'étant pas les mêmes, tout diffère dans l'application.

Les armes à feu, dans la cavalerie, sont un accessoire presque superflu ; elles ne servent le plus souvent que comme moyens de signaux.

La cavalerie est instituée pour combattre corps à corps ; elle doit croiser le fer avec l'ennemi, le choquer, le renverser, le poursuivre. Poursuivre l'ennemi est son office habituel ; car il est rare que les deux partis se heurtent. Au moment de se joindre, le moins confiant s'arrête et prend la fuite.

Les mouvements de cette arme doivent toujours être rapides, impétueux ; quelquefois même, mais avec de petits corps seulement, on y mettra un abandon qui semblera de l'imprudence.

La cavalerie française est la première du monde, pour le combat ; elle charge toujours à fond. Elle sera bien quelquefois victime d'échauffourées ; mais, en général, et à l'occasion, que de résultats favorables n'assure pas cette habitude téméraire ! Dans nos premières et immortelles campagnes d'Italie, que de milliers de prisonniers dus à une poignée d'hommes à cheval !

Pour commander la cavalerie, quand il s'agit de masses considérables, il faut des qualités supérieures et un mérite particulier. Rien de plus rare qu'un homme sachant les manier, les conduire et s'en servir à propos. Dans les armées françaises, on en a compté trois pendant vingt années de guerre : Kellermann, Montbrun et Lasalle.

Les qualités nécessaires à un général de cavalerie, sont d'une nature si variée et se rencontrent si rarement dans la même personne, qu'elles semblent presque s'exclure.

Il faut d'abord un coup d'œil sûr et prompt, une décision rapide et énergique, qui n'exclut cependant pas la prudence ; car une erreur, une faute commise, en commençant un mouvement, sont irréparables à raison du peu de temps qu'il faut pour l'exécuter. Il en est autrement pour l'infanterie, dont la marche est toujours lente, comparée à celle d'un général et de ses aides de camp.

Le général de cavalerie doit s'étudier à mettre ses troupes à l'abri du feu de l'ennemi, tant qu'elles sont en position ; mais les prodiguer, quand le moment de l'aborder est arrivé. La veille de la bataille, et jusqu'à ce qu'il soit appelé à combattre, il les administrera, hommes et chevaux, avec un soin minutieux ; il entretiendra ses forces dans toute leur valeur; mais le moment venu, il doit savoir dépenser cette cavalerie sans égard aux chances de perte, avec la seule préoccupation d'en tirer tout le parti possible.

Un général ne remplit presque jamais au même degré ces deux conditions. Tel, excellent administrateur, conserve sa cavalerie; mais trop occupé de cette pensée, il n'ose la lancer sur l'ennemi, et elle devient inutile le jour de la bataille. Tel autre, toujours prêt à la mettre en action, en a si peu de soin pendant la campagne, qu'elle périt de misère avant de voir l'ennemi. Pour citer deux exemples : on reprochera ce défaut de soin à Murat, et l'excès contraire au général...... qui commandait la cavalerie de la garde impériale après la blessure de Bessière à Wagram. S'il eût chargé au moment où le mouvement offensif de Macdonald, soutenu par l'artillerie de la garde impériale, avait culbuté la droite des Autrichiens, vingt mille prisonniers seraient tombés entre nos mains.

La cavalerie devant aborder l'ennemi, et les hommes combattre corps à corps, ne peut et ne doit jamais combattre en colonnes. Cette formation servira à faciliter sa marche ; mais, à l'instant où elle s'approche de l'ennemi, elle doit se déployer. Une colonne de cavalerie enveloppée est bientôt détruite ; car il n'y a que très peu de soldats qui soient à portée d'user de leurs armes, et encore hors d'une formation régulière. La cavalerie déployée doit être formée sur deux rangs, de manière à arrêter le désordre qui surviendrait dans le premier : autrefois elle l'était sur trois ; on ne tarda pas à reconnaître le vice de cette formation.

L'unité du combat se nomme escadron ; la règle, pour déterminer sa force, est de concilier la plus grande mobilité avec le maintien de l'ordre.

Un escadron ayant un trop grand front, serait facilement mis en désordre par le plus petit obstacle, et toute troupe en désordre est à moitié vaincue. D'après l'expérience, la meilleure formation, celle qui joint le plus de force et de consistance à une grande mobilité, est un escadron de 48 files ; divisé en 4 pelotons de 12. Les pelotons de 16 et de 18 files conviennent aussi à l'entrée en campagne, surtout dans les troupes légères, où un service plus actif et de nombreux détachements affaiblissent les corps.

Le nombre peu considérable d'hommes et de chevaux, permet de faire dans la cavalerie ce qui serait impossible dans l'infanterie : aussi l'unité du combat est-elle la même que l'unité d'administration.

En général, la perfection, pour le service, demanderait dans toutes les armes une organisation qui pût à la fois s'appliquer au combat et à l'existence journalière, c'est-à-dire à la police des casernes, à l'administration et aux manœuvres ; une organisation qui tînt constamment la troupe aux mains des mêmes chefs, et lui donnât ainsi plus de fixité et de puissance.

Autrefois les escadrons étaient composés de deux compagnies. L'un des deux capitaines se trouvait ainsi subordonné à l'autre ; c'était une combinaison vicieuse. Il faut à celui qui commande, une supériorité sociale, constante et déterminée, sur ceux qui lui obéissent : tel est le principe fondamental de la hiérarchie. Cependant, nous avons fait la guerre avec les escadrons ainsi formés ; mais, depuis la paix, une discussion approfondie à rallié tous les bons esprits ; l'escadron-compagnie a été adopté, et les soldats, quelles que soient leur position et les circonstances, demeurent toujours soumis au même chef (1).

La cavalerie est nécessaire à la guerre, pour

____

(1) Le lieutenant général Préval, qui, sous la restauration, était membre du conseil de la guerre et l'uno de ses lumières, est l'auteur des principales améliorations qui ont été apportées alors à l'organisation de la cavalerie.

éclairer, et donner des nouvelles de l'ennemi. Tel est le rôle de la cavalerie, dite légère ; elle est la vue et l'ouie de l'armée ; sans elle, un général est à chaque moment entouré de périls.

La cavalerie est encore utile pour combattre et pour profiter de la victoire. Sans la cavalerie, une bataille gagnée ne donne pas de résultat décisif.

Nous en avons eu la preuve, en 1813, après avoir vaincu à Lutzen et à Bautzen les Russes et les Prussiens, avec notre seule infanterie : sous le rapport de l'opinion, ces victoires ont eu une grande importance ; mais il n'en est alors résulté aucun avantage réel. Un ennemi en fuite peut toujours se rallier, quand on ne l'atteint pas rapidement au moment de son désordre.

La cavalerie de bataille a un double objet : 1° combattre la cavalerie ennemie et poursuivre l'armée vaincue, 2° combattre l'infanterie disposée à la résistance.

Pour combattre l'infanterie, il faut une cavalerie pesante, bardée de fer, et assez couverte ou mise assez à l'abri du feu, pour l'affronter sans crainte. Elle doit être armée de lances et de sabres ; chaque homme aura un simple pistolet ; il n'est pas besoin d'autre arme à feu, sauf un nombre déterminé de mousquetons par escadron, afin que chaque régiment ait le moyen de s'éclairer quand il est isolé.

Il y a une quatrième espèce de troupes à cheval,

d'une institution très ancienne (1), et qui a été dénaturée, on ne sait pourquoi ; je veux parler des dragons.

Dans le principe, c'était uniquement de l'infanterie à cheval ; ils auraient dû toujours conserver ce caractère. A cette condition, les dragons peuvent en mille circonstances rendre d'immenses services ; dans les détachements, pour des surprises, dans des mouvements rétrogrades et surtout dans les poursuites Mais il faut que, conformément à leur institution, ils soient montés sur des chevaux trop petits pour pouvoir être mis en ligne, autrement, les recherches et les prétentions des colonels les convertiront bientôt en cavalerie, et ils deviendront mauvaise infanterie et mauvaise cavalerie.

Une troupe doit avoir ses croyances, ses convictions, sa foi, résultant des principes consacrés et des préjugés même, qui sont inculqués dans les esprits. Mais il ne faut pas mettre l'intelligence des soldats dans la confusion, professer devant eux des opinions opposées, dire d'une manière solennelle, quand on les exerce à cheval, que la cavalerie doit toujours triompher de l'infanterie ; et, quand arrive le moment des exercices à pied, leur apprendre par contre comment la bonne in-

---

(1) C'est un maréchal de Brissac qui, au XVI⁰ siècle, pendant les guerres de Piémont, institua le premier corps de dragons et en tira de grands avantages.

fanterie est invincible par la cavalerie. A l'application, les axiomes reviennent à l'esprit du soldat, presque toujours d'une manière inverse. Fantassin, il se rappelle combien la cavalerie est redoutable; cavalier, il n'oublie pas combien l'infanterie est à craindre pour la cavalerie.

Je le répète, rien de plus utile que l'institution des dragons; mais il faut qu'elle ne soit pas faussée. Que les chevaux soient petits comme je l'ai dit; que leurs harnachements, ainsi que l'équipement des hommes et des chevaux, soient uniquement calculés pour le service commode et rapide d'une véritable infanterie, armée de bons fusils à baïonnettes et bien approvisionnée de munitions. Que les dragons, enfin, soient vêtus et chaussés pour une marche facile.

Quant à la cavalerie proprement dite, cavalerie de ligne et cuirassiers, je composerais son armement de lances et de sabres demi-courbés, propre au double usage de la pointe et du tranchant, et d'un pistolet: dans chaque escadron, il y aurait vingt carabines, se chargeant par la culasse.

J'ai traité ailleurs la question de la lance : afin de ne pas scinder l'ensemble d'une matière, je reproduirai ici les arguments qui recommandent cette arme, *la Reine des armes*, selon l'expression du maréchal de Saxe.

Je commencerai toutefois par remarquer qu'elle n'est nullement convenable pour la cavalerie légère, qui ayant à se défendre contre plusieurs ennemis à la fois, doit être pourvue d'armes à feu et de sabres. Cependant c'est la cavalerie légère que l'on a armée de la lance dans les pays où elle a été importée.

Mais on sait avec quelle facilité s'adoptent les nouveaux usages ; dans les pays les plus civilisés, l'autorité de l'exemple détermine une aveugle confiance. On ne remonte point à l'origine, ni aux circonstances qui l'expliquent ; on ne tient pas compte de différences essentielles ; et de là des applications fautives et non raisonnées.

Ainsi d'où vient le faux emploi de la lance dans l'armement des troupes à cheval ? de l'exemple donné par des peuplades belliqueuses, comme les cosaques et les Arabes. Ces peuplades habitent des plaines où les chevaux sont abondants ; elles combattent sans instruction et sans règle, tirent de la lance un parti merveilleux. On a dit, en les considérant comme des troupes légères : la lance doit servir à la cavalerie légère.

Et l'on n'a pas recherché l'origine de cette arme, ni pourquoi ces peuplades en font un si habile emploi.

Dans un pays barbare, où aucune industrie n'a encore pénétré, où il n'existe ni manufactures, ni magasins d'armes, ni argent pour en acheter à l'étranger, un homme monte un cheval et veut s'armer ; il coupe une longue branche d'arbre d'un bois léger, en aiguise la pointe, la durcit au feu, et voilà sa lance. Plus tard il se procure un clou et l'y place ; son arme devient plus dangereuse. Enfin ce bâton est garni d'un fer régulièrement façonné, et voilà la lance telle que les troupes l'ont adoptée.

Ce n'est pas par choix, que s'arment ainsi les cosaques et les Arabes, mais par nécessité. Et s'ils sont devenus redoutables par leur adresse à manier la lance, c'est que dès l'enfance ils y sont exercés.

Il n'y a donc rien à conclure de tels exemples pour des troupes légères, organisées spécialement dans un pays civilisé.

La lance est l'arme de la cavalerie de ligne et principalement de celle destinée à combattre l'infanterie. Le sabre ne peut pas la suppléer : armée de sabres, quel usage en fera la cavalerie, si l'infanterie demeure ferme et ne s'effraie pas ? Le cavalier ne peut pas sabrer le fantassin ; les baïonnettes tiennent le cheval à trop grande distance. D'un autre côté, que le cheval, qui reste la seule arme offensive du cavalier, soit tué, il tombe et fait une brèche, et cette brèche donne à ceux qui sont près de lui, le moyen de pénétrer. La lutte est donc tout à l'avantage de l'infanterie. Au contraire, supposez la même ligne de cavalerie, garnie d'une rangée de piques qui précède les chevaux de quatre pieds ; et les chances de succès seront toutes différentes.

Mais le sabre convient mieux que la lance aux troupes légères : dans les combats d'homme à homme, une arme courte se manie avec plus de facilité, est plus avantageuse qu'une arme longue. Toutes choses égales, il est certain qu'un hussard ou un chasseur battront un lancier; ils ont le temps de parer et de riposter, avant que le lancier, qui s'est abandonné sur eux, se soit mis de nouveau en défense.

Le sabre destiné aux troupes légères, devrait être légèrement courbé; le sabre parfaitement droit, se prête moins au combat isolé.

Les mêmes troupes seront en outre pourvues d'armes à feu, soit comme supplément de résistance, soit pour se faire entendre des masses, qu'elles sont chargées d'éclairer et d'avertir.

Quant aux cuirassiers, et à toute la cavalerie de ligne, il conviendrait qu'ils eussent à la fois la lance et le sabre droit. Le premier rang chargerait, la lance en arrêt; le second, le sabre à la main. Une fois le choc produit et les rangs mêlés, les sabres du second rang rempliraient leurs offices.

Au temps de la chevalerie, on livrait un combat de front; on se heurtait directement: l'arme longue devait être alors préférable; ce qui nous explique l'usage de la lance par les chevaliers.

Je citerai un fait, à l'appui de mon opinion, sur la manière d'employer la lance et d'en obtenir de grands effets.

En 1813, à la bataille de Dresde, à la gauche de

l'armée autrichienne, nos cuirassiers avaient chargé à plusieurs reprises l'infanterie, abandonnée par la cavalerie. L'infanterie résistait toujours; elle repoussait nos attaques, bien que la pluie eût mis presque tous les fusils hors d'état de faire feu. On ne surmonta cette résistance, qu'en faisant précéder les cuirassiers par cinquante lanciers, formant l'escorte du général La Tour-Maubourg; les lanciers firent brèche; les cuirassiers purent pénétrer et tout détruire. Il est vrai que de l'infanterie les coups de fusils étaient bien rares; mais, dans toute autre circonstance, la question n'eût pas été incertaine, si les cuirassiers avaient été armés de la lance redoutable.

La lance est également victorieuse dans les combats de la cavalerie, ligne contre ligne, et quand l'ennemi n'a que des sabres. Elle est admirable au moment où l'on s'aborde. Elle convient aussi pour la poursuite.

En résumé, je suis donc autorisé à dire que, pour la cavalerie de ligne, la lance doit être l'arme principale, et le sabre une arme auxiliaire; que, pour les troupes légères, l'armement doit se composer de sabres et d'armes à feu. Sans doute, la routine et des préjugés contraires combattront longtemps encore ces principes, dont la vérité me semble cependant démontrée.

L'armée russe a, sur toutes les autres armées de l'Europe, un immense avantage. Les cosaques, qui y servent, composent une cavalerie légère, admirable, infatigable, intelligente; ils savent s'orienter avec précision, bien reconnaître le pays, observer tout et se suffire à eux-mêmes. On ne peut les comparer à aucune troupe légère, instruite systématiquement pour ce service : c'est la nature qui les forme; leur intelligence est développée par les besoins journaliers auxquels ils sont soumis. Je parle des cosaques de la frontière, de ceux qui constamment en guerre avec leurs voisins, toujours en présence d'un ennemi rusé et entreprenant, sont obligés de veiller à chaque moment à leur propre sûreté.

Les cosaques du Don, autrefois admirables, sont devenus moins bons, moins intelligents, depuis que leur pays est couvert par des provinces soumises. Mais il reste encore de nombreux cosaques pour garder les frontières d'Asie, sur le Kouban, sur la ligne, sur le Thézec et à l'est de la mer Caspienne. La Russie peut disposer pour la guerre, et amener en Allemagne plus de 50,000 hommes de cette cavalerie, qui laisse à toute la cavalerie régulière la faculté de se conserver avec soin, pour le jour de la bataille. Cette circonstance permet de regarder les hussards et les chasseurs russes, comme de la cavalerie de ligne, et défend de s'en servir comme de troupes légères; car, faute d'usage et d'exercice, on assure qu'ils n'entendent rien au métier que font si bien les cosaques.

L'Autriche pourrait avoir quelque chose d'analogue aux cosaques, non pas sur une grande échelle. Elle pourrait se procurer facilement 10,000 hommes de troupes de cette nature, en formant un corps de 500 chevaux, dans chaque régiment frontière. Je ne comprends pas, que dans ce pays, où l'on coordonne tout avec tant de soin, où les organisations sont si bien raisonnées, on n'ait encore rien exécuté de semblable.

La France, quand elle aura soumis l'Algérie, pourra sans peine lever des troupes Arabes, qui, en temps de guerre, lui rendront des services incalculables. Ce but à atteindre appelle une sollicitude constante du gouvernement; et, pour y arriver, il serait bon dès à présent d'accroître, le plus possible, le nombre des troupes indigènes, de manière à avoir une masse d'hommes attachés à la gloire de nos armes, accoutumés à confondre leurs intérêts avec les nôtres, à jouir de nos succès, et propres à fournir de bons sous-officiers, dont le besoin se fera plus sentir, à mesure qu'on étendra cette organisation.

La cavalerie étant destinée à combattre corps à corps, on se demande pourquoi on ne s'est pas occupé de mettre les hommes à couvert des coups de l'ennemi. Peu de chose suffirait pour les garantir d'un coup de sabre, d'un coup de lance et même pour amortir une balle de fusil, tirée d'un peu loin, ou un coup de pistolet. Les Orientaux, dont les combats sont toujours des mêlées, ont eu de tout temps cette prévoyance ; ils sont souvent revêtus de cottes de mailles. On pourrait garantir le buste, avec une cotte d'arme en buffle, tel que la portent en vêtement les paysans castillans ; pour la tête, le shako serait garni en dedans de deux morceaux de bois en croix, comme on le pratique souvent ; les membres seraient protégés par une ou deux chaînes de fer légères, placées extérieurement sur les manches et sur les pantalons. Cette double cuirasse de buffle, festonnée et ornée, formerait un habillement élégant, qui rappellerait celui des soldats romains ; et peut-être conviendrait-il également d'appliquer à l'infanterie de ligne ce vêtement léger et chaud, qui, favorable à la santé, met les soldats à l'abri des effets fâcheux d'un changement subit de température. Alors l'habit se réduirait à une veste à basques, comme celle des cuirassiers ; et le vêtement en buffle, porté seulement quand on prendrait les armes, serait le signe de service.

J'ajouterai un mot, quant à l'instruction de la cavalerie, qui m'a toujours paru incomplète. On ne saurait attacher trop de prix à l'équitation, ni trop s'occuper de rendre les cavaliers parfaitement maîtres de leurs chevaux. Il faut que l'homme et son cheval ne forment qu'un individu, qui réalise les Centaures de la fable.

L'équitation est tout. C'est elle qui subjugue le cheval et qui le dompte. Les manœuvres seront toujours assez correctes, avec des soldats bons cavaliers.—Des encouragements de toute nature doivent être accordés pour cet objet. Il faut ensuite accoutumer les troupes à charger à fond, sans s'occuper outre mesure de garder un certain ordre, impossible avec cette impétuosité, qui est le meilleur moyen de battre l'ennemi ; mais, en même temps, on les accoutumera à se rallier, au premier signal, avec promptitude et dextérité. Il faut les mettre sans cesse en présence de cette circonstance, les y préparer par tous les moyens. Le désordre apparent de la charge n'influera plus alors sur leur moral.

Au contraire, que les charges, dans l'instruction, soient modérées ; elles seront moins vives encore devant l'ennemi, et ne le culbuteront jamais ; au premier désordre, les soldats se croiront perdus. Instruits, comme je viens de le dire, ils regarderaient ce désordre comme une circonstance habituelle, facile à réparer, et sans aucun danger.

CHAPITRE DEUXIÈME.

De l'Artillerie.

La troisième arme, devenue indispensable à la guerre, est l'artillerie. Son importance est capitale ; mais son bon service dépend particulièrement de son organisation et des principes sur lesquels elle est constituée.

Je vais essayer d'établir ces principes, et d'en développer les conséquences. Je commencerai d'abord par le matériel ; je passerai ensuite aux moyens d'en faire le meilleur emploi.

L'artillerie la plus simple est la meilleure. Si un même calibre pouvait satisfaire à tous les besoins, et qu'une même voiture pût servir à tous les transports, ce serait la perfection.

Mais il n'en est pas ainsi : l'artillerie doit produire des effets bien divers ; ces effets étant reconnus, il faut déterminer les calibres qui y correspondent, en limitant leur nombre au strict nécessaire ; car toutes les fois que deux calibres peuvent servir au même objet, il y en a un de trop, et dès lors il est nuisible, par la complication qu'il apporte aux approvisionnements, aux rechanges et aux remplacements.

L'artillerie doit être divisée en trois espèces : l'artillerie de siége et de places, l'artillerie de campagnes et l'artillerie de montagnes. Dans chacune de ces divisions, et malgré la différence qui existe nécessairement dans les poids et les dimensions des bouches à feu, il faut, autant que possible, adopter les mêmes calibres, afin de pouvoir se servir des mêmes approvisionnements.

Dans les siéges et dans la défense des places, on a besoin de pièces qui tuent les hommes, démontent les canons de l'ennemi et portent à une grande distance. L'expérience a démontré que le calibre de 12 remplissait parfaitement cet objet.

Dans cette espèce de guerre, il faut encore détruire les remparts, les faire écrouler, ouvrir un chemin praticable pour pénétrer dans la place. Ici, ce n'est plus l'arme meurtrière; c'est un outil, une machine, le bélier des anciens, rendu bien plus puissant et plus expéditif. C'est pour obtenir cet effet, que le calibre de 24 est absolument indispensable. Celui de 16, autrefois en usage, était donc une superfétation : insuffisant dans un cas, excessif dans l'autre.

L'artillerie de campagne doit suivre les troupes dans tous leurs mouvements, et arriver promptement sur un point déterminé, pour écraser l'ennemi. Il faut donc un matériel léger, d'un facile transport, et le plus mobile, que ne puisse arrêter aucun obstacle de terrain. Je crois suffisant le calibre de 6, en usage dans toute l'Europe, et que j'avais fait adopter quand j'étais à la tête de l'artillerie française. C'est avec ce calibre qu'ont été faites toutes les guerres de l'empire. On est revenu au calibre de 8. Nul doute que sa supériorité ne donne des avantages; mais il a le grand inconvénient d'augmenter d'un tiers le poids des approvisionnements, et de nécessiter ainsi des moyens de de transports plus considérables; moyens dont on manque toujours à la guerre.

Un second objet à remplir dans la guerre de campagne, c'est de produire de grands effets, à l'aide de puissantes réserves : éteindre le feu des des ouvrages de fortifications passagères, auxquelles l'ennemi s'appuie; armer ceux que l'on a fait construire; ouvrir des murailles non terrassées; protéger le passage des rivières. Pour cela, il faut nécessairement des pièces de 12; mais moins lourdes que celles employées dans les sièges ou dans la défense des places. Enfin on peut avoir à la suite des armées une ou deux batteries de 24, courtes, destinées à être tirées avec des charges plus faibles que le tiers du poids du boulet, et qui, dans mille circonstances, rendront de grands services, un jour de bataille.

Les calibres, comme on vient de le voir, doivent donc être en raison des effets à produire ; et malgré leur assez grand nombre, on peut les réduire à trois, en variant la dimension et le poids des pièces.

Mais ce n'est pas tout : on emploie des projectiles creux, bombes et obus ; on a dû rattacher, autant que possible, leur calibre à ceux des canons ; et cela n'a offert aucune difficulté.

Les obus de 5 p. 5 lignes de diamètre, qui ont le même diamètre que les boulets de 24, sont adoptés partout, avec l'avantage de servir indifféremment dans les obusiers ou dans les canons. Un calibre plus fort a paru utile pour les obusiers de sièges ; et on a agi avec système, en leur donnant 8 pouces de diamètre ; ce qui permet d'employer ces obus dans les mortiers de 8, dont on fait un grand usage dans l'attaque et la défense des places.

Viennent ensuite les autres mortiers d'un calibre supérieur. Ici, plus le calibre est fort, plus l'effet est grand. La dépense et la difficulté du transport des approvisionnements sont les seuls arguments contre leur emploi. Les mortiers, destinés à recevoir une très grande charge, coulés sur une plaque qui les supporte et auxquels on a donné mon nom autrefois, ainsi que ceux nommés à la Villantroy, ne sont applicables qu'à la défense des côtes, à cause de leur immense poids, et parce qu'ils ont particulièrement pour objet d'atteindre à une très grande distance, ce qui est inutile dans les siéges et dans la défense des places.

Plus tard, je parlerai d'une artillerie d'invention nouvelle, et l'on verra qu'on a encore respecté le principe de l'unité de calibre, dans des armes employées à des effets différents.

Les calibres dont je viens de parler, sont donc les seuls que nécessitent les guerres de siége et de campagne.

Reste l'artillerie propre à la guerre de montagnes. Sans entrer dans les détails, je dirai qu'elle doit se composer de pièces assez légères pour être portées à dos de mulets : des pièces plus grosses, qui se transportent sur des traîneaux, sont plus embarrassantes qu'utiles. Les fusées à la Congrève sont aussi éminemment propres à être employées dans les montagnes : je parlerai plus loin de cette invention.

Il existe encore une arme dont on pourrait tirer un grand parti, ce sont les fusils de remparts, imaginés depuis assez peu de temps, qui se chargent par la culasse et lancent des balles du poids de plusieurs onces, avec une très grande justesse de tir, à une portée comparable à celle des pièces de petit calibre. Les fusils distribués au nombre de 10 à 12 par régiment et portés habituellement avec leurs munitions sur un seul charriot, seraient, à l'occasion, d'une extrême utilité.

Après avoir parlé du calibre des canons, et des

motifs de leur choix, il est à propos de dire un mot des autres dimensions des pièces et de leurs poids. Leur détermination n'est pas arbitraire : elle dérive de circonstances positives, qui ont une influence directe sur un bon service.

La longueur d'une pièce de canon est relative à la charge dont on se sert. On ne s'est pas arrêté à la limite précise que les expériences ont montrée, comme devant donner la plus grande portée; on ne s'y est pas arrêté, pour éviter d'autres inconvénients; mais on s'en est approché le plus possible. Le gaz qui se forme par l'inflammation de la poudre, et dont l'explosion produit la force qui pousse le boulet, opère comme un ressort qui se détend ; or, tant qu'il agit sur le boulet en mouvement, il augmente la force qui le chasse et par conséquent la portée : cette action est le résultat de l'inflammation. Si l'inflammation n'est pas achevée, quand le boulet est sorti du canon, il y a diminution de portée; si elle s'achève prématurément et que le boulet en reçoive toute l'impulsion, avant d'avoir parcouru toute la longueur du canon, il y a aussi diminution de portée; mais alors c'est le frottement qui l'occasionne. Il faut que la quantité de poudre soit telle que l'expansion de gaz qu'elle produira en s'enflammant, accompagne le boulet depuis le fond de la culasse jusqu'à la bouche, ni plus ni moins : ainsi avec des pièces longues, il faut des charges plus fortes, et avec des pièces plus courtes, il faut des charges plus faibles.

On a adopté en France, pour le canon, une charge uniforme, représentée par le 1/3 du poids du boulet. Dans cette condition, on a fait une série d'expériences pour déterminer la longueur qui donne les plus grandes portées; et des pièces de 35, calibre de longueur, ont été coulées.

Après avoir constaté la portée obtenue, on a scié la pièce à la volée pour la diminuer d'un calibre; la portée a été plus grande. On a renouvelé l'opération, et le résultat a été toujours le même jusqu'à 27 calibres; passé ce terme, à 26 calibres, la portée a été en diminuant. On doit donc en conclure qu'avec une bouche à feu de 27 calibres de longueur, et une charge d'un 1/3 du poids du boulet, on obtient le maximum de portée.

Mais, avec cette longueur, la manœuvre des pièces est difficile; et, pour rester dans des limites moyennes, on a adopté, pour les pièces de siège et de place, celle de 22 calibres. Pour les pièces de campagne, qui exigent une manœuvre encore plus facile et plus prompte, on a réduit cette longueur à 18 calibres, que les étrangers ont fixée à 14.

Je ne parle pas des obusiers : c'est une arme particulière destinée à tirer en ricochet, établie sur d'autres principes et qui doit remplir d'autres conditions.

Je ferai maintenant une remarque fondée sur un fait bien constaté, dont l'application est importante et qui étonnera beaucoup. La poudre doit s'enflammer avec rapidité, mais non d'une manière instantanée ; autrement, la force d'inertie occasionne un choc violent qui détruit l'arme elle-même. Son action doit être successive : un fait particulier m'a donné le moyen de connaître ce phénomène.

Le général **Rutti**, officier d'un grand mérite, placé à la tête de l'administration des poudres et salpêtres, était parvenu à faire des poudres d'une force extraordinaire ; et il croyait avoir atteint un but très important. 500,000 livres de cette espèce de poudre étaient déjà fabriquées, et on comptait bien les réserver précieusement pour la guerre. Une circonstance d'administration changea heureusement cette destination. La poudre nouvelle fut mise en consommation, pour les exercices de la garde en 1828. En deux écoles, tous les canons furent ouverts et mis hors de service. Ces faits constatés, j'en recherchai la cause ; elle n'a pas d'autre explication que celle que j'ai donnée. C'est le cas de répéter l'adage : « le mieux est l'ennemi du bien. »

Quant au poids des pièces, il peut être diminué d'une manière très considérable, et sans inconvénient, sous le rapport de la résistance ; mais les affûts en souffrent et sont facilement brisés. La force du recul, s'exerçant sur une masse trop légère, produit un choc brusque et destructeur. Après une certaine limite, une livre de métal ôté au poids d'une pièce, doit être ajouté à l'affût qui la porte.

On comprendra ce fait par l'exemple suivant, que chacun peut avoir journellement sous les yeux. Un jongleur mettra sur sa poitrine une pierre d'un grand poids, et il bravera l'effet d'un coup de massue, tandis qu'avec une pierre moindre il serait blessé.

En 1802 et en 1803, quand j'étais occupé à établir le nouveau système d'artillerie, qui a servi pendant tout le temps de l'empire, les expériences que j'ai ordonnées sur le poids du métal, ont démontré que celui qui satisfait également aux besoins de la mobilité et de la conservation, est le poids de 120 livres par livre du poids du boulet, bien entendu avec la charge d'un tiers du poids du boulet.

Les Anglais ont attaché un grand prix à la légèreté des pièces de l'artillerie à cheval. Ils ne donnent, ou au moins ils ne donnaient, il y a trente ans, que 90 livres par livre du poids du boulet ; mais aussi ils avaient réduit la charge au quart, au lieu du tiers.

Un mot encore sur le matériel. Les affûts, les voitures, sont les éléments nécessaires du service de l'artillerie : leur emploi les altère, les détruit, et des remplacements deviennent constamment nécessaires. De là l'immense avantage d'une construction parfaitement uniforme. M. de Gribauval, premier inspecteur général de l'artillerie, auteur du premier système régulier, a eu la gloire d'établir cette uniformité. Ainsi les débris d'une voiture, construite à Auxonne ou à Toulouse, pouvaient servir à réparer une voiture semblable, construite à Strasbourg. Mais, soumis à l'influence des officiers d'ouvriers, la pédanterie de ceux-ci le conduisit à adopter dans les constructions des divisions et des subdivisions futiles, et il établit ainsi, d'une manière systématique, de grands embarras, qui équivalaient presque à la confusion dont on venait de sortir.

Pour en donner une idée, je ne citerai qu'un seul fait qui est resté dans ma mémoire. Il y avait, autant qu'il m'en souvient, vingt-deux espèces de roues dans son système d'artillerie. Je l'ai réduit, dans le système de 1803, à dix. Aujourd'hui on est arrivé à quatre ou à cinq; et je crois que jamais matériel n'a atteint la même perfection. A la première guerre, 50 bouches à feu bien commandées feront plus d'effet que 100, telles qu'elles étaient autrefois.

Dans l'éloge que je fais de l'artillerie nouvelle, je n'excepte que le calibre de 8, qui a été repris, et le poids exagéré des pièces de campagne, de nouveau fixé à 150 par livres du poid du boulet.

Mais le meilleur matériel du monde est d'un effet médiocre, s'il n'est pas aux mains de gens capables d'en tirer un grand parti; et si remarquable qu'ait toujours été en France l'instruction du corps d'artillerie, il lui manquait bien des choses; son organisation était fort imparfaite.

On a successivement remédié aux inconvénients signalés, et aujourd'hui on semble avoir satisfait à toutes les conditions du meilleur service.

L'unité du combat, dans l'artillerie, est la batterie. Elle se compose de 6 ou 8 bouches à feu, marchant toujours ensemble, avec leurs approvisionnements, et placées sous le même commandement. Elle est à l'artillerie, ce que le bataillon est à l'infanterie, l'escadron à la cavalerie. Il faut donc que ce corps soit homogène et compact; que les éléments qui le composent, aient le même esprit et l'habitude d'être ensemble.

Or, il y a trois éléments distincts : le matériel ou l'arme proprement dite, ceux qui la servent, et ceux qui la conduisent. Si ces éléments ne sont pas d'accord, l'artillerie est imparfaite.

Le premier mérite de l'artillerie, après la bravoure des canonniers et la justesse du tir, c'est la mobilité. On voit donc de quelle importance est la conduite des chevaux chargés de traîner les canons.

Anciennement, tout était divisé; les canons restaient à l'arsenal ou au parc, jusqu'au moment de combattre; les chevaux appartenaient à un entrepreneur, et les conducteurs étaient ses valets, traités sans considération, n'ayant aucune perspective de fortune, et appelés du nom de *charretiers* d'artillerie.

Nous avons fait toutes les campagnes de la République avec cette monstrueuse organisation.

Sous le consulat et pendant l'empire, on ennoblit ce service, et l'on forma le corps du train d'artillerie avec ses sous-officiers et ses officiers. Il y eut ainsi une perspective d'avancement, et le nom de *charretier* fut remplacé par celui de *soldat du train*. Mon influence fut directe sur cette organisation, en grande partie mon ouvrage ; et, afin de ne pas heurter les droits de grades, pour le commandement, j'eus soin de ne donner aux officiers du train que des grades très inférieurs aux grades correspondants dans le corps de l'artillerie.

De cette manière, on prévenait, ce qui est indispensable, tous embarras et conflits dans les rapports des officiers chefs de batteries et de ceux qui les conduisent. Ceux-ci, faute d'une instruction suffisante, ne devant jamais avoir l'autorité supérieure, cette différence dans les grades les tenait toujours et naturellement placés, par la hiérarchie, dans le devoir de l'obéissance. Cette organisation a duré pendant tout le temps de l'empire. A la fin de la restauration, le conseil de la guerre, dont j'étais l'un des vice-présidents sous M. le Dauphin, a changé l'organisation du corps de l'artillerie. Il l'a divisé en batteries, ayant leur matériel, leurs canons et leurs chevaux, conduits par des canonniers de deuxième classe, qui sont instruits en même temps à manœuvrer et à servir le canon, et qu'on a appelés *canonniers-conducteurs*. Cette organisation a atteint certainement la perfection.

On a créé, depuis peu d'années, deux espèces d'artillerie, dont, à mon avis, les effets seront merveilleux, si on sait en tirer parti à la première guerre : les fusées à la Congrève, pour la guerre de campagne, et les pièces de canon dites à la Paixhans, pour la défense des côtes et des places. Je crois fermement que la résistance des places y gagnera. La manière de faire la guerre et l'organisation des armées en éprouveront aussi une grande modification. Mais ces deux objets méritent un développement particulier.

Le rôle de l'artillerie, à la guerre, a acquis chaque jour plus d'importance, en raison non-seulement de son augmentation, mais encore de sa grande mobilité, qui permet de combiner ses mouvements à l'infini. Cependant il y a des limites à cette mobilité, qui donne les moyens de rassembler sur un point donné une grande masse d'artillerie. Le nombre de canons à conduire à la guerre est également borné, à cause de la dépense et de l'embarras qu'entraînerait un excès de matériel : embarras tel, qu'il pourrait, dans les marches, dépasser beaucoup en inconvénients les avantages qu'on en attendrait pour le moment de l'action. L'expérience a démontré que *le maximum* doit être de quatre pièces par 1000 hommes : proportion d'ailleurs qui se trouve bientôt dépassée, après quelques mois de campagne; car le matériel n'est pas soumis aux mêmes causes de diminution que l'infanterie et la cavalerie, et le personnel de l'artillerie peu nombreux est toujours facilemeut tenu au complet.

Mais les fusées à la Congrève, qui ont reçu successivement un grand perfectionnement, et qui sont dirigées aujourd'hui avec une assez grande justesse, forment une artillerie qui peut devenir une arme principale, par le développement dont elle est susceptible dans l'application.

En effet, quand l'arme se compose seulement des projectiles qu'on emploie; quand aucune machine n'est nécessaire pour les lancer et qu'on ne présente au feu de l'ennemi aucune surface pour la direction de ses coups ; quand enfin, par des dispositions très simples, on peut donner momentanément à ce feu un développement tel que le front d'un seul régiment soit couvert par une pluie de boulets, représentant le feu d'une batterie de 100 pièces de canons; alors les moyens de destruction sont tels, qu'il n'y a plus de lutte possible, en suivant les règles et les principes que l'art actuel de la guerre a consacrés.

Voici comment je concevrais l'emploi des fusées à la Congrève. Je ferais instruire, dans chaque régiment, 5 ou 600 hommes, pour le service de cette arme nouvelle. Deux charriots suffiraient pour porter 100 chevalets, tels que les Autrichiens les ont adoptés ; et à l'ordre donné ces 100 chevalets, servis chacun par 3 ou 4 hommes, déploieraient un feu dont on se fait à peine l'idée.

A un feu pareil, peut-on opposer des masses, même des troupes en bataille sur plusieurs lignes parallèles ? Non assurément. Mais le gain de la bataille consiste à faire reculer l'ennemi ; il faut donc marcher à lui, traverser l'espace qui nous en sépare ; et pour le faire avec le moins de danger possible, on emploiera l'arme qui parcourt les distances le plus rapidement. Dès lors la cavalerie est ce qu'il y a de mieux ; et cette cavalerie même sera soumise à une nouvelle manière de manœuvrer, afin de se présenter au feu de l'ennemi avec moins de chances de destruction. Ainsi elle sera éparpillée en tirailleurs et cependant prête à se réunir, à un signal donné, pour se préparer au choc qui doit suivre la charge exécutée. Alors l'infanterie change de rôle : elle devient l'auxiliaire des fusées à la Congrève, ou plutôt ces fusées deviennent son arme, et les fusils ne sont qu'accessoires

Dans ce nouveau système, l'infanterie a besoin d'une instruction toute différente. On la divisera en deux parties : la première chargée des fusées ; la seconde destinée à l'appuyer, à lui servir de point de ralliement, au moment où elle sera en contact immédiat avec l'ennemi. Alors la proportion des armes doit changer : il faut plus de cavalerie et moins d'infanterie ; une cavalerie exercée d'une manière toute spéciale, et une *infanterie-artillerie*, si je puis m'exprimer ainsi, dont l'emploi soit borné au service des fusées, à les soutenir et à les appuyer, à occuper les postes retranchés, à défendre les places et à faire la guerre de montagnes.

Mais cette nouvelle artillerie prend une grande importance en mille circonstances où l'artillerie à canon ne joue aucun rôle. Dans les montagnes, on transporte aujourd'hui, à grande peine, un petit nombre de pièces qui y fait peu d'effet. Avec des fusées, on a une arme à longue portée qui se trouve établie partout et à profusion, sur la cime des rochers, comme sur les plateaux inférieurs. Dans les plaines rases, chaque édifice est transformé en forteresse et le toit d'une église de village devient à volonté la plate forme d'une batterie formidable. En un mot, cette invention, telle qu'elle est et avec le perfectionnement qu'elle comporte encore, se prête à tout, se plie à toutes les circonstances, à toutes les combinaisons, et doit prendre un ascendant immense sur le destin du monde.

Servies par un corps spécial, considérées purement comme artillerie, les fusées seraient nécessairement rares, et ne produiraient que peu d'effet. Or, un développement immense est la seule manière utile de les employer, le seul moyen d'étonner, d'épouvanter, de foudroyer : elles doivent donc devenir l'arme de l'armée proprement dite.

On ne réfléchit que peu à peu à la nature des choses. On agit longtemps par routine, sans se préoccuper des modifications et améliorations possibles ; aussi ne saura-t-on qu'à la longue apprécier la puissance des fusées à la Congrève. Mais si, à la première guerre, un général habile et calculateur entrevoit la question dans tous ses développements, dans toutes ses conséquences; s'il prépare ses moyens dans le silence, pour les déployer sur le champ de bataille, il obtiendra des succès qui défieront toute résistance, jusqu'à ce que l'ennemi ait employé les mêmes moyens. Au moment de cette grande expérience, le génie personnel du chef aura un grand ascendant sur le sort de la guerre.

Cependant, si rationnel et si vraisemblable que soit le résultat que je prédis, l'expérience seule établira d'une manière incontestable le mérite de cette nouvelle invention. L'homme sage n'aura de conviction absolue qu'après que les faits auront réalisé ses espérances, tant il y a de circonstances imprévues, qui modifient les calculs les plus fondés, les probabilités les plus séduisantes.

Toutefois, les apparences sont telles, qu'un général habile et éclairé, doit, à la première guerre, préparer l'emploi de cette nouvelle arme.

et étonner l'ennemi par ses effets. S'il en fait seul usage, il sera probablement maître de la campagne ; et si son adversaire a été aussi vigilant que lui, il se garantira au moins d'une défaite. Mais sa prévoyance doit embrasser toutes les conséquences de ce moyen nouveau, relativement aux autres armes, à leurs proportions, à leurs manœuvres et à la manière de s'en servir.

Après le succès de l'emploi des fusées à la Congrève dans une campagne, il est évident qu'on les adoptera dans toutes les armées : alors l'équilibre se rétablira, et il n'y aura plus d'avantage exclusif pour personne. Mais l'art de la guerre en sera puissamment modifié. Les actions plus vives et d'un effet moral plus grand rendront les batailles plus courtes, diminueront l'effusion du sang : car ce qui donne la victoire, n'est pas le nombre des hommes que l'on tue, mais de ceux qu'on effraie.

Je le répète, les fusées à la Congrève doivent opérer une révolution dans l'art de la guerre ; et elle fera d'abord le succès et la gloire du génie, qui, le premier, en aura compris l'importance et développé tous les avantages qu'on peut en attendre.

J'arrive maintenant à l'artillerie Paixhans.

La grosse artillerie, pour remplir sa destination, doit avoir une grande portée, et les projectiles qu'elle lance, une grande quantité de mouvements. Or, pour obtenir cette grande quantité de mouvements, il faut de deux choses l'une : ou que la vitesse soit très grande, avec une masse moyenne ; ou que la masse soit grande avec une vitesse moindre, puisque la quantité de mouvements d'un corps est égale à la masse, multipliée par la vitesse.

Jusqu'à présent, on avait préféré la masse moindre et la vitesse considérable, à cause des difficultés du transport des projectiles. Mais si on a eu raison pour les siéges, où les transports doivent se faire dans des temps très courts et déterminés, on a eu tort pour d'autres circonstances qui laissent un temps illimité ou qui permettent des transports faciles, quel que soit le poids. En un mot, pour la défense des places, pour l'armement des côtes et pour le service de la marine, cette artillerie possède d'immenses avantages, que je vais analyser d'une manière succincte.

1° La résistance de l'air au mouvement des corps étant en raison du carré des vitesses, elle est beaucoup moindre avec ces projectiles ; et dès lors la portée et la justesse du tir sont plus grandes. En supposant une vitesse de 1200 pieds par seconde, au boulet ordinaire, et celle de 400 au boulet à la Paixhans, la résistance de l'air sera :: 9 : 1.

2° La quantité de mouvement d'un boulet de 24, avec une vitesse de 1200 pieds sera représentée par le nombre 28,808, quand celle du boulet à la

Paixhans, du calibre de 12 pouces, ou du poids de 140 livres, avec 400 pieds de vitesse, sera exprimée par 56,000, c'est-à-dire qu'elle sera à peu près double. Celle d'un boulet de 36 avec cette même vitesse de 1200 pieds, sera de 43,000, et ainsi toujours beaucoup plus faible.

3° L'action de destruction étant en raison des surfaces du carré des diamètres, les rapports sont ici comme 1 à 4.

4° Enfin, un boulet de 36 traverse l'épaulement d'une batterie de terre, ou les parois d'un vaisseau, ou bien il s'arrête dans leur épaisseur. N'importe le lieu où il se loge, il ne produit aucun dommage ; et s'il traverse un bordage, le trou qu'il a fait est facilement bouché : mais un boulet Paixhans produit bien d'autres ravages. D'abord par son grand diamètre et la lenteur de son mouvement, il démolit une plus grande surface ; puis en éclatant il fait une brèche immense : si c'est une batterie qu'il a frappée, il faut la reconstruire ; si c'est un vaisseau, il coule bas, sans qu'il soit possible de le sauver.

Une défense de place, exécutée avec de pareils moyens, élève donc la défense presqu'à la hauteur de l'attaque ; et l'emploi de cette arme sur mer contre les vaisseaux, fait disparaître les escadres et spécialement les grands vaisseaux. En effet, la supériorité d'un vaisseau de ligne sur un bâtiment d'un ordre inférieur, a deux causes : le vaisseau porte une artillerie, à laquelle ne peut résister l'échantillon d'une frégate ; et la frégate porte une artillerie, dont le calibre est insuffisant pour faire du mal à un vaisseau. Ainsi une frégate n'est pas en état de soutenir la moindre lutte contre un vaisseau de ligne, puisque le feu de la frégate n'est dangereux que pour l'équipage et les manœuvres, quand le feu du vaisseau détruit en outre le bâtiment lui-même et peut dans un moment l'engloutir au fond de la mer.

Mais le jour où l'on est parvenu à faire porter à un petit bâtiment, soit à vapeur, soit à voiles, d'une force peu considérable, une ou deux pièces, dont un boulet seul suffit pour détruire les plus grands vaisseaux ; 10 petits bâtiments, armés chacun de deux gros canons, doivent venir très vite à bout du vaisseau qu'ils entourent. Des vaisseaux qui coûtent plus de 1,500,000 fr., n'offrent, dans ce cas, aucune garantie de durée et de bons effets. L'artillerie à la Paixhans est donc la destruction de la marine militaire, telle qu'elle est aujourd'hui constituée.

Pendant la restauration, le lieutenant-colonel Paixhans, officier d'une grande distinction, eut l'idée de proposer cette artillerie. Louis XVIII nomma, pour l'examiner, une commission de généraux de terre et de mer, dont il me donna la présidence. L'exposé de ce système me frappa, par sa justesse et sa nouveauté, et j'en devins le partisan déclaré.

Des expériences étaient cependant nécessaires, pour constater la portée, la plus grande justesse du tir, et le moyen d'exécuter facilement les manœuvres de cette arme. Les expériences faites à Brest réussirent parfaitement et dépassèrent les espérances de l'auteur. Dès lors, on dut consacrer, dans l'artillerie, des changements qui apportent d'immenses modifications à la guerre de mer, en rendant superflus les grands bâtiments ; à la défense des côtes, devenue plus facile et plus sûre ; à la défense des places, qui en sera, ce semble, beaucoup prolongée. Mais l'adoption de cette arme nouvelle ne doit pas dispenser de l'emploi des boulets creux, tirés avec des pièces de 36 et 24 ; puisque les effets, quoique moins puissants, sont toujours redoutables à l'ennemi, et favorables à la défense.

CHAPITRE TROISIÈME.

Des Fortifications.

Traiter ici en détail des fortifications, ne serait pas en rapport avec l'esprit de cet ouvrage, et probablement surpasserait mes forces. Je considérerai, dans cette matière, les besoins de la guerre, et le but que l'on se propose en élevant les fortifications; laissant de côté ce qui regarde l'art de l'ingénieur.

Autrefois les places se sont formées d'elles-mêmes. Dans les temps d'anarchie, de désordres et de guerres intérieures, dont le moyen-âge offre le tableau, les populations nombreuses, agglomérées et riches, ont voulu se mettre en sûreté. Elles se sont fortifiées, en s'entourant d'un rempart, et se sont armées. Les moyens d'attaque étant encore dans l'enfance, elles se sont trouvées ainsi à l'abri de toute atteinte.

Mais la découverte de l'artillerie, et les perfectionnements que cet art a reçus, ont bientôt changé un pareil état de choses. Aux places anciennes, sans valeur contre des moyens réguliers d'attaque, on a dû substituer des places construites avec soin et aux frais de l'Etat. Et comme on ne pouvait pas les fortifier toutes, les gouvernements sont intervenus pour faire choix des villes, qui par leur importance et surtout par leur position, demandaient le plus de soins et de sacrifices. La question alors a été considérée sous le rapport, non plus de l'intérêt spécial des villes, mais avant tout de la défense du pays contre l'ennemi extérieur. Cependant on a souvent agi au hasard, et sans motifs suffisants de préférence.

Toutes les grandes questions doivent être résolues par des principes. Il faut d'abord reconnaître le but et l'indiquer ; puis les moyens d'y parvenir se présenteront d'eux-mêmes à l'esprit : autrement, on marche au hasard.

Ici, les résolutions arrêtées ont été encore modifiées par des intérêts privés, des influences personnelles ; et, on peut dire aussi, par le système de guerre qu'avait consacré l'époque de Louis XIV et qui reposait sur beaucoup d'erreurs.

Assurément personne n'a pour Vauban un plus grand respect que moi ; mais il était plus ingénieur que général ; et, en faisant beaucoup de places, il se livrait avec complaisance à des travaux de son goût.

Il a donc dû être prodigue de places. Une chose m'étonne cependant dans un génie de sa nature ;

c'est que, sur une frontière ouverte comme celle de la Flandre, il ait eu l'idée de créer une barrière matérielle d'une grande valeur, au moyen d'un système de places fortes en échiquier.

Qu'un système pareil ait été adopté pour un petit pays, comme la Hollande, dont la défense est en grande partie basée sur des circonstances naturelles que l'art a mises à profit, rien de mieux; des distances courtes, et des places qui rendent maître d'inondations très étendues, forment de grands obstacles, ajoutent aux moyens d'une armée et facilitent ses manœuvres.

Mais imiter ce système sur une frontière ouverte, c'était une erreur que ne devait pas commettre un génie de l'ordre de Vauban. S'il n'a pas été forcé de se plier à des exigences d'un ordre supérieur, il aura cédé, en sa qualité d'ingénieur, à l'attrait et à la manie des constructions.

Les changements survenus dans la manière de faire la guerre, et surtout la force des armées mises en campagne, ont fait voir le vice d'un tel système de défense; et il ne viendrait aujourd'hui, dans aucune tête militaire, l'idée de recommencer de semblables travaux.

Les principes reconnus consacrent deux espèces de places; les places de dépôt et les places de manœuvres.

Les premières doivent être grandes, très fortes et rares: une par frontière suffit.

Elles doivent renfermer un matériel suffisant, pour les besoins d'une grande armée qui s'y rassemble, en équipage d'artillerie, en armes portatives de rechange et en approvisionnements de toute espèce. Elles doivent avoir des ateliers nombreux, un arsenal de construction, et en tout temps le matériel d'un grand hôpital et des approvisionnements de vivres. Il faut enfin que les régiments dirigés sur cette place en sortent organisés et armés, et puissent immédiatement entrer en campagne et combattre.

Plus tard s'organisent, dans les places, les renforts et les remplacements, dont l'armée a besoin : et, si le début de la guerre a été malheureux, ou que l'armée, inférieure à celle de l'ennemi, soit réduite dès l'abord à la défensive, elle double ses forces en venant s'appuyer à cette place, située de préférence sur une rivière navigable, pour faciliter l'arrivée des approvisionnements. Une place de dépôt favorise donc aussi les manœuvres d'une armée qui opère dans son voisinage.

Nous avons en France trois places de cette espèce, merveilleusement situées : Strasbourg, Metz et Lille, pour les frontières de l'Allemagne, des Ardennes et de la Flandre.

Dans les temps de notre grandeur, nous possédions en Italie, vu l'espace, trois places en échelons qui en assuraient la possession : Alexandrie, Mantoue et Venise. Si notre prospérité eût duré, il est probable qu'une autre place d'une grande importance eût été construite sur la Save. Dans des pays nouvellement conquis, de semblables places ne sont pas seulement des places de dépôt, pour la défense de la frontière, elles sont encore des places de domination pour le territoire qui les environne.

Après les places de dépôt, viennent des places de manœuvres. Celles-ci servent à faciliter les mouvements des armées et à contrarier ou empêcher ceux de l'ennemi.

Elles doivent être exclusivement situées, ou sur des rivières, dont elles occupent les deux rives, ou dans les montagnes, dont elles ferment les vallées.

Une chaîne de montagnes présente de grands obstacles aux mouvements d'une armée. Les routes qui la traversent, peuvent seules donner passage à un matériel considérable ; il est donc utile de fermer les issues par une forteresse, de manière à empêcher l'ennemi qui attaque, d'en profiter, en se réservant la faculté de s'en servir.

Une rivière forme la ligne de défense d'une armée ; l'ennemi se dispose à la franchir ; il doit se créer des moyens de passage ; car les ponts permanents ne lui appartiennent pas. L'armée placée sur la défensive peut au contraire manœuvrer avec sécurité sur les deux rives, et porter toutes ses forces contre une partie de celles de l'ennemi, quand elles sont divisées. S'il parvient à battre les troupes qui sont restées en arrière et qui n'ont pas encore passé le fleuve, il livre celles qui l'ont franchi aux chances funestes que présente toujours une situation isolée et sans communications. En général la méthode la plus efficace, lors d'une défensive énergique, consiste dans des mouvements offensifs, restreints, bien calculés, exécutés rapidement et à propos.

Je bornerai là les idées générales qui doivent présider à la défense d'une frontière. Quant aux détails de constructions, je dirai seulement, que, vu les progrès de l'artillerie et la facilité de son transport, il est un objet qu'on ne saurait trop recommander aux soins des ingénieurs; c'est de préparer des abris suffisants et parfaitement sûrs, pour les approvisionnements de toute nature et pour une partie considérable du personnel de la garnison; autrement il n'y a plus de défense possible.

Les places doivent, en outre, occuper de grands espaces au moyen d'ouvrages détachés faisant système, et d'une force suffisante pour que chacun puisse se défendre par lui-même. La défense générale en sera bien plus facile, l'attaque plus embarrassée, et la résistance beaucoup plus longue. Ce genre de fortification avait reçu une belle application à Alexandrie en Piémont; et, si les événements politiques eussent permis d'en faire usage, cette place aurait alors rendu de grands services. Mais depuis, son étendue considérable exigeant une grande garnison et l'armée piémontaise étant d'une force moyenne, il ne pouvait convenir au roi de Sardaigne de la conserver; aussi a-t-elle été détruite, et elle se trouve aujourd'hui réduite à sa citadelle.

J'ai expliqué plus haut le but des places fortes et les conditions qui doivent déterminer leur construction et le choix de leur emplacement. Je parlerai maintenant des fortifications qui ont pour objet de mettre à couvert une armée inférieure, contre une armée supérieure, et de lui donner la faculté de résister, malgré la disproportion des forces; en un mot, des camps retranchés, destinés à établir une sorte d'équilibre entre des forces inégales.

Les camps retranchés sont de deux espèces. Les uns se composent d'une ligne continue, qui crée des obstacles matériels sur tout le développement de la position qu'une armée occupe; les autres consistent dans un nombre déterminé de points fortifiés avec soin, rendus, s'il est possible, assez forts pour être à l'abri d'un coup de main. Pouvant résister à une attaque de vive force, ils servent d'appui aux troupes, protégent leurs flancs, couvrent une partie de leur front, les rendent inexpugnables, sans mettre obstacle à la liberté de leurs mouvements.

Les premiers n'ont presque jamais donné de bons résultats. Attaqués sérieusement, ils ont toujours été forcés. On peut attribuer ce résultat à deux causes.

D'abord les troupes, obligées de garder tout le développement, sont trop divisées ; un seul point enlevé suffit souvent pour faire évacuer tous les autres. En second lieu, l'opinion s'est établie, dans l'armée retranchée, d'une grande infériorité, et cette opinion lui ôte la moitié de sa valeur. Si un point est forcé, elle ne pense plus à combattre ; et cependant c'est à ce moment qu'elle serait le plus sûre de vaincre ; car elle a nécessairement des forces supérieures à l'ennemi qui n'a pu encore pénétrer que par une tête de colonne, et dont les troupes, qui suivent, ne peuvent arriver que lentement et en passant par des défilés. Eh bien, c'est quand des succès lui appartiendraient à très bon marché, que cette armée pense à la retraite.

Les exemples, à cet égard, sont nombreux. Il me serait facile d'en citer beaucoup ; mais je me contenterai d'en rappeler trois, qui sont célèbres et dont l'un s'est passé sous mes yeux.

Le premier est la prise des lignes de Turin défendues par une armée de 80,000 hommes, attaquées par le prince Eugène de Savoie avec 40,000 Autrichiens. Le second s'est offert à Denain, où le maréchal de Villars, avec une armée découragée et antérieure battit le prince Eugène. Le troisième est la prise des lignes de Mayence défendues par une armée française de 30,000 hommes et composées d'ouvrages d'une perfection rare, et les plus considérables en ce genre, qui aient été exécutés dans les temps modernes.

Construits sous la direction du général Chasseloup-Laubat, l'un des meilleurs ingénieurs qu'ait eus la France, ces ouvrages semblaient inexpugnables. Néanmoins le 8 octobre 1795, il suffit, pour faire naître un désordre, que rien ne put réparer, de deux détachements : l'un de 400 hommes qui passa le Rhin en arrière et en amont, l'autre qui s'engagea dans un espace étroit, laissé entre le fleuve et les lignes, au moment où des troupes nombreuses en présence se disposaient à une attaque de front.

Le seul usage raisonnable à faire de pareilles lignes, est de les employer contre des armées très nombreuses, mais mauvaises, contre les Orientaux. Leur utilité dans ce cas a toujours été démontrée et reconnue ; le succès obtenu par le prince Eugène de Savoie devant Belgrade, en est une nouvelle preuve. Placé entre des lignes de circonvallation élevées contre la garnison de la forteresse et des lignes de contrevallation en face de l'armée du Grand Visir, il put continuer le siége, tenir en échec l'armée, prendre la place et sortir victorieux de la lutte ; mais contre des armées européennes, il y a d'autres principes à suivre.

Quand on autorise un soldat à mettre sa sécurité entière dans un obstacle matériel qui le précède, et que cet obstacle est vaincu, il ne songe plus à se défendre ; et cette funeste impression se communique souvent à des individus d'un grade élevé. Un soldat doit être convaincu au contraire, et on ne saurait trop le lui rappeler, que la garantie de la victoire est, avant tout, dans son courage, et qu'il doit mépriser l'ennemi. Mais si, au lieu d'obstacles, qui paralysent ses mouvements, il a seulement des appuis qui couvrent ses flancs en le protégeant, il se croira invincible, et cette opinion sera bientôt partagée par son ennemi : et, s'il résiste à une attaque, libre dans ses mouvements, il aura la faculté de profiter d'une victoire, et d'en dévlopper les conséquences.

Une armée, en présence d'une autre armée plus forte qu'elle, et dans des circonstances déterminées, fera donc bien de se retrancher. Appuyée à une place, à un fleuve, à des montagnes, et environnée d'un nombre plus ou moins grand de points défensifs rendus aussi forts que possible, elle parviendra à suppléer au nombre qui lui manque et à établir une sorte d'équilibre.

Ce sujet m'amène naturellement à la question des camps retranchés permanents ; créations nouvelles, composées d'ouvrages revêtus, embrassant de grands espaces, situées dans des points stratégiques et traversées par un grand fleuve. Rien à mes yeux n'a plus de valeur et ne peut rendre de plus grands services. Plusieurs établissements de cette nature, quoique faits sur des échelles fort différentes et dans des conditions qui ne sont pas les mêmes, s'élèvent ou ont été élevés dans ces derniers temps. Je parlerai de deux principaux, qui ont occupé particulièrement les esprits : celui de Lintz, dans la haute Autriche, et les fortifications de Paris.

Le camp retranché de Lintz se compose de 42 tours construites avec soin; elles occupent un espace circulaire de plus de six lieues; chacune de ses tours est casematée, couverte, du côté de la campagne, par le relief du glacis, et son feu est tout-à-fait rasant. La tour modèle avait un fossé profond avec contrescarpe revêtue, avec galerie à feu de revers; et c'est bien à tort, je pense, qu'on a supprimé les moyens de sûreté dans le système. L'armement de chaque tour se compose d'une douzaine de pièces de gros calibre. Toutes les tours sont placées en vue les unes des autres, et assez près, entre elles, pour se soutenir. Elles occupent, sur une partie de leur développement, une suite de hauteurs, précédées à distance par des montagnes âpres et difficiles, et viennent aboutir et s'appuyer, à la rive droite du Danube, fort au-dessus de la ville. Sur la rive gauche, une plus grande hauteur adossée au Danube supérieur (le Pessin Berg), est occupée par un ouvrage convenable et assez fort, d'où part une autre ligne de tours, qui embrasse un grand espace et vient également s'appuyer au Danube au-dessous de la ville.

Je ne discuterai pas la force des tours isolées; je les crois peu capables de résister, si elles étaient abandonnées à elles-mêmes. Mais couvrant une armée qui se renferme dans l'espace qu'elles embrassent, elles me paraissent inattaquables. Jamais l'ennemi ne pourra entreprendre le siége, soutenues qu'elles sont par l'armée, et jamais l'armée, placée sous leur protection, n'aura rien à redouter.

Le principe fondamental des camps retranchés de cette espèce, c'est de ne pouvoir être bloqués et de trouver au point de réunion de nombreuses communications. A ce titre le camp de Lintz est convenablement placé, sa position stratégique est bien choisie. Deux routes sur les deux rives du Danube, descendent ce fleuve à plus ou moins de distance de ses bords. Plusieurs chemins conduisent en Bohême, d'autres se dirigent vers Saltzbourg, le Tyrol, la Styrie et la Carinthie. Un camp aussi grand que celui de Lintz, avec les obstacles que le pays présente, ne peut être enveloppé par l'ennemi; et l'armée qui s'y renferme ne peut jamais perdre toutes ses communications, à moins de supposer que les forces qu'elle a devant elle soient au moins le triple des siennes. Elle pourra donc toujours recevoir des renforts et se réorganiser jusqu'au moment où elle croira à propos de prendre l'offensive : l'ennemi alors sera forcé de rester en observation; car jamais il n'osera se hasarder dans la vallée étroite du Danube et marcher sur Vienne, en laissant l'armée autrichienne dans cette position offensive et menaçante.

En effet, une pareille résolution serait insensée; et si, en 1809, le camp de Lintz eût existé, Napoléon ne serait pas allé à Vienne ou y serait entré beaucoup plus tard. Or, à la guerre et pour les grandes monarchies surtout, le temps est tout, puisqu'il ne faut que donner aux ressources naturelles du pays les moyens de se développer. Le camp retranché de Lintz est donc une bonne et grande conception militaire.

Il y a dans chaque pays des localités qui se prêteraient à des établissements analogues et qui y seraient à l'occasion d'une grande utilité.

Le camp retranché de Vérone est fait dans le même esprit; et, quoiqu'il soit dans des conditions fort différentes, il peut et doit jouer un rôle important, entre les mains d'un général qui saura s'en servir et manœuvrer.

J'arrive maintenant aux travaux de défense exécutés à Paris, qui ont été et sont encore l'objet de si grands et si solennels débats. La construction des forts, dont le système me paraît parfaitement conçu, assure plus l'indépendance de la France contre les attaques de toute l'Europe, que l'acquisition de plusieurs provinces, qui auraient reculé d'autant la frontière.

Personne ne disconviendra de l'immense influence qu'exerce Paris sur les destinées du royaume. Tête disproportionnée avec le corps ; mais foyer actif, où se rassemblent les facultés de l'intelligence, où se développe une puissance morale irrésistible, où s'accumulent des trésors immenses et où se réunit en tout genre ce que la France a de plus distingué ; Paris a fait immensément pour la puissance, la gloire et l'éclat de la France. Mais cette ville lui fait acheter cher cet avantage, par le poids dont elle l'écrase, quand elle vient à tomber. Or, des intérêts, qui touchent le royaume entier et compromettent son existence, ne peuvent pas être abandonnés au sort de deux ou trois batailles : il fallait ou reculer les frontières, ou diminuer les dangers, que l'approche de l'ennemi lui faisait courir; et il n'y avait d'autre moyen que de préparer un refuge inexpugnable, aux armées françaises, malheureuses et battues, se réunissant sous ses murs.

Quelles que puissent être les conséquences de la plus funeste campagne, 80 ou 100,000 hommes de débris, composeront toujours les restes de l'ar-

mée ; et appuyés à des forts régulièrement construits, ces 80,000 hommes seront inexpugnables.
Or, avec les ressources que Paris renferme, en
personnel de tout genre, en population, en richesses de toute nature, en matériel de toute espèce,
et avec le secours des départements voisins, les
cadres seront bientôt remplis, les pertes réparées ;
et, en moins d'un mois, une armée de 300,000 hommes, bien pourvue et retrempée dans son moral,
pourra marcher à l'ennemi. Alors quelle force ne
faudra-t-il pas à l'ennemi pour résister ? S'il se
divise, il sera faible partout, et facilement détruit :
s'il se tient réuni, pour résister et combattre, comment vivra-t-il ?

Et quel sera son sort, après le moindre échec ?
Si donc l'ennemi s'est avancé jusque sous Paris,
il n'a rien de mieux à faire que de s'éloigner, avant
le moment où l'armée française réorganisée pourra
aller le chercher ; et il devra se hâter d'établir lui-même la guerre dans les provinces et à
portée de ses ressources. Alors la guerre est re-
portée sur les frontières, et tout rentrant dans
l'état naturel, on n'a plus à redouter une catastrophe.

Je regarde donc comme l'événement le plus
utile à la sûreté et à la défense de la France, la
construction des forts détachés, dont le développement est tel, que l'ennemi ne peut se présenter
en force sur beaucoup de points à la fois. Mais

Il s'attacha à lui donner une grande considération, qui fut justifiée par un grand zèle. Au bout de
six mois, plus de 150,000 hommes, qui n'existaient
pas, mais pour le plus grand nombre desquels on
touchait les vivres, la solde et l'habillement, furent
rayés des contrôles.

Les systèmes d'administration sont divers selon
les pays : tous sont susceptibles de bons résultats, quand l'effectif et le présent sous les armes
sont exactement constatés. Je ferai seulement observer qu'il y a (dans mon opinion au moins) de
grands avantages à donner aux corps la faculté de
s'administrer eux-mêmes, autant que possible ; car
comme la bonté des troupes est toujours liée à une
bonne administration, il faut imposer aux chefs de
corps une grande responsabilité, mais aussi les in-
vestir de grands pouvoirs ; surveiller leurs opérations, mais leur en laisser la direction. La seule
responsabilité d'opinion envers les soldats, est
déjà une grande garantie de leur zèle. Il faut punir
d'une manière exemplaire les colonels qui vien-
draient à prévariquer, mais leur laisser la gloire
des succès qu'ils ont obtenus.

On a défendu en France, dans les corps, de
former des masses d'économie, et l'on a commis
une profonde erreur. La vie commune amène toujours des avantages, et un chef de corps habile et
intelligent, sans enlever aux soldats la jouissance

d'aucun de leurs droits, peut et doit faire des économies. Si on les proscrit, elles n'en seront pas moins faites ; et ne pouvant être avouées, elles recevront souvent un emploi mystérieux et coupable. Qu'elles soient, au contraire, non seulement autorisées, mais encore ordonnées et laissées à la disposition du chef de corps, pour en être fait emploi à l'avantage du régiment, dans les cas accidentels, et hors des prévisions des ordonnances ; il y aura de grands encouragements, et les colonels se glorifieront du succès d'une industrie, dont ils recueilleront les fruits honorables.

Deux branches d'administration très importantes sont en défaut dans presque toutes les armées de l'Europe : ce sont les hôpitaux et les vivres. Un gouvernement éclairé devrait s'occuper de les établir sur de nouvelles bases ; il en résulterait des avantages importants et directs pour l'art de la guerre et pour le bien-être et la conservation des soldats. Je commencerai par les vivres.

SECTION PREMIÈRE.

Des vivres.

En traitant de la nourriture des troupes, je ne parlerai que de la fourniture du pain ; seule, elle présente des difficultés, les approvisionnements en bétail vivant pouvant toujours être à portée des consommateurs.

La difficulté de distribuer du pain régulièrement aux troupes, est un des plus grands embarras de la guerre. Il est inexplicable que tant de généraux distingués, qui, pour cette cause, ont été contrariés ou entravés dans l'exécution de leurs projets, ne soient pas parvenus à la solution d'un problème si important.

Les Ron..ains l'avaient résolu : mais, en général, leurs guerres n'exigeaient pas des mouvements aussi rapides, que dans les guerres modernes.

Il y a, je crois, une manière parfaitement satisfaisante de vaincre cette difficulté, et le changement que je provoque aurait une puissante influence sur l'art de la guerre.

Pour recevoir régulièrement des distributions de pain par les soins de l'administration, il faut que l'armée soit stationnaire ou en retraite, restant toujours à la même distance de ses magasins ou s'en rapprochant. Si, marchant en avant, elle s'éloigne d'une manière constante, l'opération est impraticable pour tout intendant, si habile qu'il soit ; car, les convois ne peuvent pas aller plus vite que l'armée, et ils la suivent toujours à la même distance qu'au moment de leur départ ; à chaque nouvelle expédition de convoi, la distance augmentant, la difficulté devient plus grande.

Dans la guerre d'invasion, les troupes ne peuvent vivre qu'avec les ressources des pays qu'elles parcourent. Mais le temps nécessaire pour fabriquer le pain dans les lieux habités, l'insuffisance ordinaire des moulins et des fours, ou leur éloignement, rendent les ressources locales fort incomplètes ; et la pénurie qui en résulte amène de grandes souffrances et de grands désordres. Or le le maintien de l'ordre, à tous les titres et de toutes les manières, est le salut des armées.

Le seul moyen efficace d'assurer la subsistance régulière du soldat, c'est de le charger lui-même d'y pourvoir d'après un mode déterminé. J'en ai fait l'expérience, et le résultat a été complétement favorable.

On ne fait pas la guerre dans un désert, et quand cette circonstance passagère arrive, on prend des dispositions en conséquence. La guerre se fait ordinairement dans des pays habités ; et là où il y a des hommes, il y a des grains pour les nourrir. C'est donc dans le moyen d'employer les grains, dont les greniers sont remplis, que se trouve la solution de la question.

La grande difficulté est de réduire le grain en farine, ainsi que je l'expliquerai plus tard. Mais il faut des moulins pour moudre le blé ; on vivrait au besoin avec la farine seule, sans la convertir en pain ; on mourrait de faim, sur des monceaux de blé.

s'altéraient assez vite; on y a remédié au moyen d'une meilleure trempe et on en a fait de très durables.

Napoléon, instruit de ces résultats, fut frappé, au milieu des misères de la campagne de Russie, des avantages qu'on pouvait en tirer; et il ordonna de faire un grand nombre de ces moulins pour la grande armée. On lui en envoya cinq cents, qui arrivèrent à Smolensk, en même temps que l'armée revenait de Moscou. Mais déjà il n'y avait plus de bras pour les mouvoir et de soldats pour s'en servir.

Voici quelles étaient et quelles doivent être les conditions de ces moulins :

1° Assez légers pour être portés par un soldat, qui sort des rangs pour cet objet, vu son importance, si des moyens réguliers de transports viennent à manquer;

2° Pouvoir être mus par un seul homme;

3° Donner de belles farines et suffire, par un travail de 4 heures, aux besoins d'une compagnie.

Les moulins de l'armée de Portugal donnaient 30 livres de belle farine par heure. On a objecté à ce système, que les ordonnances ayant prescrit une extraction du son, cette opération compliquait la fabrication. Je réponds que les expériences faites avec soin ont éprouvé l'inutilité de l'extraction du son, avec du blé de bonne qualité.

s'altéraient assez vite; on y a remédié au moyen d'une meilleure trempe et on en a fait de très durables.

Napoléon, instruit de ces résultats, fut frappé, au milieu des misères de la campagne de Russie, des avantages qu'on pouvait en tirer; et il ordonna de faire un grand nombre de ces moulins pour la grande armée. On lui en envoya cinq cents, qui arrivèrent à Smolensk, en même temps que l'armée revenait de Moscou. Mais déjà il n'y avait plus de bras pour les mouvoir et de soldats pour s'en servir.

Voici quelles étaient et quelles doivent être les conditions de ces moulins :

1° Assez légers pour être portés par un soldat, qui sort des rangs pour cet objet, vu son importance, si des moyens réguliers de transport viennent à manquer.

2° Pouvoir être mus par un seul homme.

3° Donner de belles farines et suffire, par un travail de 4 heures, aux besoins d'une compagnie.

Les moulins de l'armée de Portugal donnaient 30 livres de belle farine par heure. On a objecté à ce système, que les ordonnances ayant prescrit une extraction du son, cette opération compliquait la fabrication. Je réponds que les expériences faites avec soin ont prouvé l'inutilité de l'extraction du son, avec du blé de bonne qualité.

Avec du blé même médiocre, mais pur et sans mélange, le pain est toujours bon. Quand l'administration donne du mauvais pain, le soldat doit nécessairement l'accepter et le manger, sous peine de mourir de faim, parce que le moment de la consommation est immédiat. Mais quand le blé, qu'on lui distribue, est rempli de poussière ou de tout autre mélange, on peut le nettoyer avant de s'en servir, et le soldat alors mangera toujours du bon pain. Ainsi sous ce rapport sa condition sera améliorée, et elle le sera plus encore par l'indemnité de travail qu'il recevra, soit en argent, soit en augmentation de ration.

Mais voyez quel sera le sort de l'administration, la simplification habituelle, en temps de guerre, la facilité de son service ! Un général en chef aujourd'hui fait plus d'efforts d'esprit pour assurer la subsistance de ses troupes, que pour toute autre chose; et sans cesse ses combinaisons sont contrariées et détruites faute de distributions de pain faites à temps.

On a résolu ainsi, non-seulement la question de la nourriture indispensable donnée aux troupes, mais encore celle relative au pain proprement dit. On a trouvé le moyen de faire, par une simple excavation en toute espèce de terrain et en quatre heures, des fours qui, deux heures après, peuvent servir à cuire le pain. Ainsi, dans chaque bivouac, on fait la farine en quantité suffisante pour la con-

Des soins, presque toujours incomplets, sont donnés à une classe d'hommes, qui cependant, à bien
des titres, a droit à une sollicitude universelle.
Une vie de dévouement compose leur existence ;
des souffrances, des fatigues, des dangers, sont leur
seule perspective. Les sentiments les plus nobles
animent leur cœur, et ces hommes généreux ne
demandent à leurs chefs, pour les aimer, que d'être
justes dans l'exercice de leur autorité. Tel est l'esprit inhérent à l'homme de guerre ; et il appartient
particulièrement au soldat français, qui n'est étranger à aucun des sentiments qui honorent l'humanité.

Sans doute il·y a des vices et de mauvaises passions dans les armées, comme dans toutes réunions
d'hommes ; mais on y rencontre aussi l'exemple
des plus hautes vertus. La conservation des soldats malades et blessés est donc un devoir de conscience et d'humanité. Elle est en même temps
d'une haute importance pour le gouvernement,
comme pour le général ; car le nombre plus grand
des soldats est un élément de succès, et leur rem-
placement par les recrues, fort cher en lui-même,
est bien loin de tenir lieu de ce qu'on a perdu.
Quelle confiance d'ailleurs, quelle énergie ne donne
pas sur le champ de bataille, à un bon soldat, la
certitude qu'en cas de blessure, les secours les plus
efficaces lui seront prodigués ?

Peut-être, dans ce but, faudrait-il essayer de

changer l'esprit de l'administration des hôpitaux ; chercher un mode de récompense plus noble que l'intérêt pécuniaire ; développer des pensées plus élevées et plus dignes, pour soutenir mieux le courage et le dévouement.

Si les fonctions de ceux qui administrent des soins aux malades et aux blessés, étaient relevées, ennoblies, et récompensées par l'opinion et par les jouissances que donnent l'exercice de la charité et le sentiment de piété, il en résulterait à coup sûr un grand bienfait, pour ceux qui souffrent. Le moyen d'y parvenir serait de laisser à un corps religieux, qui ne fût pas étranger aux fonctions subalternes de la chirurgie et de la médecine, le soin des hôpitaux militaires ; non l'administration proprement dite et le maniement des fonds, mais le monopole des soins et leur direction.

Un corps de frères hospitaliers, engagés pour la vie ou pour un temps déterminé, ayant des chefs honorés, serait chargé de la tenue des salles et du service près des malades. Des auxiliaires à gages seraient préposés sous leurs ordres aux travaux les plus grossiers et les plus pénibles ; mais sans qu'aucun soin, dans les cas d'urgence, parût au-dessous des chefs eux-mêmes. L'esprit de charité les soutiendrait dans leurs travaux. Jamais un détachement de ces respectables frères, après avoir reçu une destination, ne quitterait les individus qui leur auraient été confiés. Leur présence serait

changer l'esprit de l'administration des hôpitaux ;
chercher un mode de récompense plus noble que
l'intérêt pécuniaire ; développer des pensées plus
élevées et plus dignes, pour soutenir mieux le courage et le dévouement.

Si les fonctions de ceux, qui administrent des
soins aux malades et aux blessés, étaient relevées,
ennoblies, et récompensées par l'opinion et par
les jouissances que donnent l'exercice de la charité et le sentiment de piété ; il en résulterait à
coup sûr, un grand bienfait, pour ceux qui souffrent. Le moyen d'y parvenir serait de laisser à un
corps religieux, qui ne fût pas étranger aux fonctions subalternes de la chirurgie et de la médecine,
le soin des hôpitaux militaires ; non l'administration proprement dite et le maniement des fonds,
mais le monopole des soins et leur direction.

Un corps de frères hospitaliers, engagés pour la
vie ou pour un temps déterminé, ayant des chefs
honorés, serait chargé de la tenue des salles et
du service près des malades. Des auxiliaires à
gages seraient préposés sous leurs ordres aux travaux les plus grossiers et les plus pénibles ; mais
sans qu'aucun soin, dans les cas d'urgence, parût
au-dessous des chefs eux-mêmes. L'esprit de charité les soutiendrait dans leurs travaux. Jamais un
détachement de ces respectables frères, après avoir
reçu une destination, ne quitterait les individus
qui leur auraient été confiés. Leur présence serait

l'espoir et la consolation des malades; et leur saint ministère exercé au profit de tous, amis et ennemis, deviendrait leur sauve-garde auprès de toutes les armées de l'Europe, quand le sort des armes les aurait fait tomber entre leurs mains.

La considération et les jouissances de la conscience devraient être particulièrement leur récompense. Une hiérarchie sagement combinée établirait une obéissance aveugle, dans ce corps voué à la pratique des plus touchantes vertus. Le général d'une armée recevrait quelquefois à sa table et mettrait à une place d'honneur le supérieur des frères hospitaliers; il honorerait ainsi tous ses subalternes et les paierait de cette monnaie précieuse, dont la valeur se décuple par la mesure avec laquelle on l'emploie.

Ainsi le service des hôpitaux serait fait par trois corps :

1° Les hommes de l'art médical, les médecins et les chirurgiens.

2° L'administration qui crée le matériel, dispose des fonds et pourvoit aux consommations.

3° Les frères hospitaliers, chargés d'administrer les soins et de diriger toute leur application pour la conservation des malades.

Ce dernier corps, constituant en quelque sorte, l'état de contrôle vivant et énergique de tout ce que l'administration, proprement dite, pourrait faire bien l'armée d'Afrique y trouverait de soulagements !

Je ne me dissimule pas les objections qui pourraient être faites à cet établissement, ni les difficultés de maintenir l'harmonie entre trois corps rivaux, concourant au même but; mais il y en a déjà deux qui sont souvent bien loin de s'entendre, et un troisième, sans ajouter beaucoup aux complications, apporterait des lumières utiles qui éclaireraient l'autorité.

Je sais encore qu'on pourrait jeter sur cette institution une sorte de ridicule; mais je le brave volontiers, en me livrant à la pensée qu'elle contribuerait à améliorer le sort des soldats; puissant intérêt à mes yeux, et pour le service et pour l'humanité.

Dans les dernières années, on a cependant amélioré le service des hôpitaux, en organisant militairement les employés. Une hiérarchie établie, comme dans les troupes, donne un avenir à ceux qui servent bien et crée un moyen d'ordre, de surveillance et de discipline : une sorte de point d'honneur doit naître et l'autorité s'exercer plus facilement. Il doit donc en résulter de bons effets.

En général l'organisation militaire assure à tous les moments l'action régulière du pouvoir; elle constitue donc essentiellement un grand moyen d'ordre; on l'emploiera avec succès toutes les fois que l'on voudra agir sur des réunions d'hommes destinés à concourir vers un même but; et plus les premiers éléments en seront confus, plus il y aura profit et avantage.

Un mot encore sur les hôpitaux.

Des calculs d'économie misérables et mensongers sur ce qu'on est convenu d'appeler, en terme de comptabilité, la journée d'hôpital, font souvent restreindre beaucoup trop le nombre des établissements; et le désir de charger d'autres personnes des soins qui nous regardent, multiplie trop fréquemment les évacuations. Rien de plus funeste que ces deux systèmes, quand ils ne sont pas motivés par des circonstances impérieuses, comme le voisinage de l'ennemi, le défaut absolu de moyens..... Dans les cas ordinaires, on ne saurait mettre les hôpitaux trop à portée des troupes, ni trop diviser les malades. Les maladies, en général d'une nature simple, se guérissent en peu de jours, quand on les traite immédiatement. Elles s'aggravent par les longs transports ; et les longs voyages de retour, après la maladie, épuisent les hommes encore faibles, produisent des rechutes qu'un autre voyage rend funestes. Ainsi, en multipliant les hôpitaux et en les plaçant à la portée des troupes, on facilite la guérison ; on empêche les maladies de s'aggraver, les malades de s'affaiblir ; et l'on prévient l'encombrement, qui amène ces maladies contagieuses, sources si funestes des plus grands ravages.

destinés à concourir vers un même but; et plus les premiers éléments en seront confus, plus il y aura profit et avantage.

Un mot encore sur les hôpitaux.

Des calculs d'économie misérables et mensongers sur ce qu'on est convenu d'appeler, en terme de comptabilité, la journée d'hôpital, font souvent restreindre beaucoup trop le nombre des établissements; et le désir de charger d'autres personnes des soins qui nous regardent, multiplie trop fréquemment les évacuations. Rien de plus funeste, que ces deux systèmes, quand ils ne sont pas motivés par des circonstances impérieuses, comme le voisinage de l'ennemi, le défaut absolu de moyens... Dans les cas ordinaires, on ne saurait mettre les hôpitaux trop à portée des troupes, ni trop diviser les malades. Les maladies, en général d'une nature simple, se guérissent en peu de jours, quand on les traite immédiatement. Elles s'aggravent par les longs transports; et les longs voyages de retour, après la maladie, épuisent les hommes encore faibles, produisent des rechutes qu'un autre voyage rend funestes. Ainsi, en multipliant les hôpitaux et en les plaçant à la portée des troupes, on facilite la guérison; on empêche les maladies de s'aggraver, les malades de s'affaiblir; et l'on prévient l'encombrement, qui amène ces maladies contagieuses, sources si funestes des plus grands ravages.

On paraît, par ce système, dépenser plus d'argent; mais en résultat on en économise beaucoup.

C'est ce système que j'ai constamment suivi, et les troupes, sous mes ordres, s'en sont toujours bien trouvées.

premiers intéressés. C'est donc aux officiers en activité que ce soin doit être remis exclusivement.

Cependant, il n'en a pas toujours été de même. Pendant la révolution, on avait créé des juges militaires, hommes civils et accompagnant l'armée. L'erreur dans laquelle on était tombé, fut bientôt reconnue : les conséquences furent funestes, et l'on créa des conseils de guerre, tels qu'ils sont aujourd'hui.

En 1829, on s'occupa de retoucher cette matière, et une nouvelle loi, sur la justice militaire, fut présentée à la Chambre des Pairs.

Une commission composée d'hommes d'un mérite éminent, mais étrangers à la connaissance des troupes, proposa de substituer aux conseils de guerre temporaires des tribunaux de guerre permanents, présidés par des officiers généraux. Ce mode nouveau, en établissant une magistrature militaire distincte de l'armée proprement dite, aurait eu tous les inconvénients du système adopté passagèrement sous la république, et de plus aurait dénaturé, aux yeux des troupes, le caractère des généraux, essentiellement hommes de combat. Ils doivent, par leur présence, éveiller des idées de gloire et de récompense, et non des pensées de crime et de châtiment.

La justice militaire n'est pas établie d'une manière absolue sur des principes de morale ; elle a pour base la nécessité.

'Sans doute aux yeux de tout homme sensé, il y a loin, pour la moralité et l'intérêt qui s'attache à la personne, du voleur au militaire qui désobéit à son chef et l'insulte dans un moment de passion. Cependant la punition du militaire sera bien plus grave ; pour venger la société, il suffira, dans beaucoup de circonstances, que l'un aille aux galères, quand l'armée serait perdue si l'autre n'était pas envoyé à la mort : car, de ce moment, tous les liens seraient brisés, et l'édifice militaire, qui n'est basé que sur le respect et la soumission, croulerait sans ce point d'appui.

Il y a donc une immense différence entre la justice civile et la justice militaire. Celle-ci paraît barbare, mais est indispensable : et son exécution ne peut être garantie que par ceux mêmes qui y sont intéressés directement dans leur propre existence.

Si le bataillon forme l'unité de combat, pour les troupes, le régiment forme l'unité sociale militaire, la famille et la tribu. Le colonel, chef de cette société, est investi d'une sorte de magistrature qui doit veiller à sa conservation.

C'est à lui à punir ; c'est à lui à assurer pour chacun une justice impartiale et prompte, à maintenir l'ordre journalier et l'exécution des lois, sur nière absolue sur des principes de morale ; elle a pour base la nécessité.

Sans doute aux yeux de tout homme sensé, il y a loin, pour la moralité et l'intérêt qui s'attache à la personne, du voleur au militaire qui désobéit à son chef et l'insulte dans un moment de passion. Cependant la punition du militaire sera bien plus grave ; pour venger la société, il suffira, dans beaucoup de circonstances, que l'un aille aux galères, quand l'armée serait perdue si l'autre n'était pas envoyé à la mort : car, de ce moment, tous les liens seraient brisés, et l'édifice militaire, qui n'est basé que sur le respect et la soumission, croulerait sans ce point d'appui.

Il y a donc une immense différence entre la justice civile et la justice militaire. Celle-ci paraît barbare, mais est indispensable : et son exécution ne peut être garantie que par ceux mêmes qui y sont intéressés directement dans leur propre existence.

Si le bataillon forme l'unité de combat, pour les troupes, le régiment forme l'unité sociale militaire, la famille et la tribu. Le colonel, chef de cette société, est investi d'une sorte de magistrature qui doit veiller à sa conservation.

C'est à lui à punir ; c'est à lui à assurer pour chacun une justice impartiale et prompte, à maintenir l'ordre journalier et l'exécution des lois, sur laquelle cet ordre repose. Aussi quand les armées régulières se sont formées, chaque régiment a eu son tribunal sous la haute surveillance de son colonel ; et même à cette époque, ce n'était pas seulement une nécessité, mais un droit ; car chaque colonel, étant entrepreneur de son régiment, devait avoir des pouvoirs légaux et étendus, qui fussent la garantie de l'obéissance de ses subordonnés.

Les tribunaux par régiment existent encore dans plusieurs grandes armées de l'Europe. Placés à portée des justiciables, leur action peut toujours se faire sentir sans retard. Cette considération est d'une importance si capitale, que peut-être il y a lieu de préférer ce système à celui, adopté en France et en Russie, de tribunaux établis par division seulement.

On comprend le motif qui a dirigé le législateur ; il a voulu mettre les accusés à l'abri des passions personnelles des chefs, en les faisant juger par un tribunal composé en grande partie d'officiers étrangers à leur corps. D'un autre côté, ces officiers étant en activité et employés dans les troupes, on est certain que le jugement, rendu sans prévention, aura le caractère de sévérité que commande le bien du service ; car le colonel, qui le préside, fera dans l'intérêt d'un tel régiment ce qui sera fait plus tard, pour son propre régiment, par un autre colonel. On considérera toujours l'intérêt de l'armée.

Dans l'état actuel des choses, un brave soldat, que chacun voudrait sauver, périt victime de la rigueur de la loi ; ou , dans l'intérêt de sa conservation, il y a déni de justice : alternative également fâcheuse.

Dans l'état actuel des choses, un brave soldat, que chacun voudrait sauver, périt victime de la rigueur de la loi ; ou, dans l'intérêt de sa conservation, il y a déni de justice : alternative également fâcheuse.

TROISIÈME PARTIE.

DES DIVERSES OPÉRATIONS DE LA GUERRE.

CHAPITRE PREMIER.

De l'emploi des différentes Armes.

Les troupes de différentes armes doivent être organisées séparément, afin de recevoir une instruction uniforme qui leur soit propre, et de prendre l'esprit qui leur convient.

On s'est quelquefois écarté de ce principe, en formant des légions, et l'on s'en est mal trouvé. Les officiers qui commandent ces corps, connaissant mieux l'arme dans laquelle ils ont servi primitivement, lui donnent toujours la préférence et s'en occupent avec prédilection. Dans l'artillerie, il y a impossibilité absolue de pourvoir aux besoins de son instruction; car il faudrait multiplier à l'infini les établissements nécessaires, comme polygone, écoles, batteries de différentes espèces. L'artillerie devrait même être réunie tout entière dans une seule garnison, s'il était possible, afin de recevoir la même instruction. Le gouvernement pourrait alors consacrer plus d'argent à cet objet, puisqu'un plus grand nombre d'individus y participeraient. Je l'avais proposé, quand j'étais chef de l'artillerie française ; des considérations d'administration et d'économie, appuyées d'intérêts locaux, ont empêché d'adopter ce changement.

Mais s'il faut séparer les armes en temps de paix, pour développer mieux leur instruction spéciale, elles doivent être combinées à la guerre.

C'est en les mêlant avec intelligence et habileté, qu'on obtient les meilleurs résultats ; elles se soutiennent réciproquement, et concertent à propos leurs efforts. En laissant ensemble les mêmes corps, réunis pendant plusieurs campagnes sous le même général, on crée un esprit de corps, et par suite une homogénéité utile. Les troupes ont alors toute la valeur dont elles sont susceptibles. La légion chez les Romains est le premier exemple de cette combinaison, qui, certes, a contribué puissamment à leurs triomphes : « Un Dieu, dit Végèce, leur en inspira la pensée. »

Dans le moyen âge, dans les temps qui l'ont suivi, et jusqu'à nos jours, les plus grands généraux n'ont pas eu l'idée de l'imiter, et Frédéric n'y pensa pas. On en fit l'essai dans l'armée française, à la fin de la guerre de sept ans, sous le maréchal de Broglie, et ce général a eu la gloire de rendre pratique cette pensée profonde. Mais l'usage n'en a été consacré qu'au commencement des guerres de la république, et c'est là la plus grande des révolutions qu'ait subies de nos temps l'art de la guerre.

L'infanterie, organisée autrefois en brigades, était sous les ordres, quand elle était formée, de deux ou trois généraux qui commandaient, l'un le centre et les autres les ailes. La cavalerie était de même divisée et placée sur les ailes, et les commandements subordonnés étaient répartis pour le jour de la bataille. Tous les généraux résidaient ordinairement au quartier général, chargés à tour de rôle de conduire les détachements. Un général d'armée, voulant confier un commandement momentané et pour une expédition à un général plus capable ou qui lui inspirait plus de confiance, était forcé d'attendre que l'ordre du tableau le fît arriver à son tour de marcher, et il fallait ajourner l'opération, ou faire d'une manière fictive des détachements pour employer ceux qui le précédaient. Les détachements rentrés, les troupes se séparaient, et les brigades recevaient leur destination par le soin de l'état-major général. On se demande comment, avec un pareil système, une armée considérable pouvait se mouvoir, se former et combattre. Aussi employait-on parfois des journées entières, seulement pour se mettre en ordre de bataille. Le moindre mouvement amenait souvent la confusion, et l'artillerie de position, sortant du parc pour la bataille, et mise en batterie quelquefois dès la veille, y rentrait après l'action.

Ce système barbare, absurde, a été changé dès nos premières guerres; et bientôt les armées de toute l'Europe adoptèrent à notre exemple l'organisation nouvelle, qui rend les troupes mobiles et toujours prêtes à combattre. Un général eut alors le moyen de faire avec facilité telles combinaisons que les circonstances et son génie lui inspiraient.

L'unité constante, qui ne doit jamais varier, mais dont la force peut être plus ou moins grande, est la division. Elle se compose ordinairement de deux brigades, chacune de deux régiments et quelquefois de trois; plus, de deux batteries d'artillerie et d'un corps des troupes à cheval de 7 ou 8 cents chevaux. Elle a son administration complète; c'est une armée au petit pied. Ainsi elle peut opérer par ses propres moyens; elle peut agir séparément, marcher, vivre et combattre, ou venir prendre facilement le poste qui lui est assigné au jour de la bataille.

C'est ainsi que l'armée française était organisée dans les premières et immortelles campagnes d'Italie, et encore quelques années après. Plus tard

Napoléon ayant formé des corps d'armée, il retira la cavalerie des divisions, et se contenta d'appliquer aux corps d'armée les principes de la légion. Mais, dans les corps d'armée, la cavalerie est trop loin des divisions; elle n'est pas sous la main des généraux d'infanterie qui se battent; elle ne peut, dans beaucoup de circonstances, profiter en temps utile des désordres qui naissent chez l'ennemi. Au surplus, je parlerai plus tard des corps d'armée, et des circonstances qui en ont autorisé et même nécessité la formation.

La division est donc l'unité dans l'armée, le premier élément par lequel les trois armes sont liées entre elles d'une manière intime; mais là ne se bornent pas les besoins d'une armée.

Chaque arme, après avoir été accessoire, doit devenir à son tour principale, parcequ'il y a des circonstances où un effet particulier doit être produit. Ainsi des réserves de cavalerie sont indispensables, soit pour combattre des masses de cavalerie, soit pour se précipiter sur des corps d'infanterie mal soutenus, ou pour couvrir de l'infanterie en désordre, soit pour enlever des batteries, etc.

Cette cavalerie doit être appuyée et soutenue par une artillerie qui lui appartienne et concoure, selon les circonstances, au résultat que l'on veut obtenir. La cavalerie est ici principale, et l'artillerie accessoire. Mais vient le tour de celle-ci, pendant la bataille; l'artillerie de réserve employée à produire un grand effet, dans un moment donné et sur un point déterminé, devient tout à coup l'arme principale; elle écrase l'ennemi de son feu; vient ensuite l'infanterie qui complète le désordre; la cavalerie intervenant achève la destruction et assure la victoire.

Je n'entre pas dans les détails qui établiraient dans quelles circonstances l'artillerie est chargée de jouer un rôle exclusif; mais j'en ai dit assez pour conclure que chaque arme doit être à son tour accessoire et principale; et si l'artillerie doit agir sur un point isolé, les troupes d'infanterie et de cavalerie, destinées à la protéger et à la mettre en sûreté, doivent lui subordonner tous leurs mouvements.

Mais les réserves de cavalerie, si importantes qu'elles soient, ne doivent pas dépasser une force déterminée sur un point donné; au delà de certaines limites, le général le plus habile ne saurait les manier; et puis trop de chevaux réunis ne pourraient vivre.

Je porte à 6,000 chevaux la force dont le maniement est possible; avec ce nombre on doit réussir pour ce qu'il est raisonnable d'entreprendre sur le champ de bataille avec de la cavalerie.

Napoléon, dans ses dernières campagnes, organisa des corps de cavalerie composés de trois divisions comptant au moins 12,000 chevaux. Cette idée était monstrueuse, sans application utile sur un champ de bataille; elle fut la cause de pertes immenses sans combattre, ces grands corps n'ayant jamais servi a rien qu'à présenter un spectacle extraordinaire, propre à étonner la vue.

L'organisation des armées doit donc consacrer des divisions et des réserves par arme. J'entends des armées d'une force moyenne; car dans les grandes armées il faut encore un échelon de plus, comme élément d'ordre et d'action. On y parvient, en constituant les troupes en corps d'armée, c'est-à-dire qu'il faut établir des commandements fixes, intermédiaires, entre le chef suprême et les généraux commandant les divisions.

Une armée de 100,000 hommes, composée de 10 ou 12 divisions, serait difficile à manier, si elle n'était pas organisée en corps d'armée; car la confusion naîtrait bientôt du nombre trop considérable d'unités indépendantes, pouvant manœuvrer librement d'après une direction générale donnée par le chef suprême. On a donc promptement senti le besoin de former des aggrégations avec les divisions, pour simplifier les dispositions du commandement en chef; et l'on en a réuni 2, 3 ou 4. Ainsi une armée, composée comme je viens de l'indiquer, se trouve alors répartie en quatre fractions; le général en chef peut les mouvoir avec facilité; il a sous la main 4 corps, dont 3 forment sa ligne de bataille, et le 4me sa réserve.

A tous les degrés de la hiérarchie militaire, c'est

en mettant un chef en rapport avec un petit nombre de subordonnés immédiats, que l'on facilite l'exercice du commandement.

Les corps d'armée étant de petites armées, doivent avoir une organisation analogue aux principes que j'ai établis, et se composer :

1. De 3 divisions où les armes soient combinées ;

2. D'une réserve de cavalerie, soutenue par de l'artillerie à cheval ;

3. D'une réserve d'artillerie.

Les réserves, destinées à se porter partout, doivent être très mobiles, et pour l'artillerie, qui doit souvent prendre poste à de grandes distances, on emploiera l'artillerie à cheval.

Ainsi l'artillerie ordinaire, qui par sa nouvelle organisation est fort mobile, ferait le service des divisions d'infanterie ; et l'artillerie à cheval serait exclusivement attachée au service de la cavalerie et aux réserves.

L'organisation dont je viens de présenter le tableau, est en rapport avec les armées actuelles ; elle résulte de la nature des armes et de la manière dont on fait aujourd'hui la guerre, et les fractions de l'armée ont pour but de faciliter l'exercice du commandement. Or, les commandements sont de différentes espèces et changent de caractère selon le nombre des soldats.

Un général se bat avec 10,000 hommes ; il doit être au milieu de ses troupes et souvent exposé aux coups de fusil.

Un général commande 30,000 hommes ; il fait mouvoir ses troupes et ses réserves ; et s'il est habituellement, à l'exception de cas extraordinaires, hors de la portée de la mousqueterie, il doit être constamment sous celle du canon, et rester dans la limite de l'espace où tombent les boulets.

Un général dirige 80 ou 100,000 hommes ; il arrête le plan, donne les ordres avant la bataille, imprime le mouvement, et attend les événements dans une position centrale. Pendant l'action, il devient une espèce de providence ; il fait face aux cas imprévus, et remédie aux grands accidents. Il doit s'exposer avant la bataille, afin de voir par lui même et de juger avec précision l'état des choses ; ces devoirs remplis, il donne ses ordres, et laisse chacun jouer le rôle qui lui est assigné. Si les choses vont bien, il n'a rien de plus à faire ; si des accidents surviennent, il doit y parer par les combinaisons qui sont en son pouvoir ; si elles vont très mal et qu'une catastrophe soit à craindre, il doit se mettre à la tête des dernières troupes qu'il lance sur l'ennemi, et sa présence, dans ce moment suprême, leur donne une impulsion et produit un effet d'opinion qui double leur valeur.

C'est ainsi que Napoléon a exercé le commandement. Ses opérations ayant été presque toujours couronnées par le succès, et les armées qu'il a commandées étant très nombreuses, il s'est bien rarement exposé à un danger imminent. Mais à Lutzen, une crise très forte étant survenue, et la nature de l'armée, composée de jeunes soldats, en augmentant la gravité, il rallia les troupes lui-même devant Taya, et les mena à la charge sous un feu meurtrier.

On doit voir, par ce que j'ai dit plus haut, quels principes ont servi de base à la création des grades. On a voulu les mettre en rapport avec les commandements naturels, de manière qu'un chef ait une position sociale tranchée à l'égard de ses subordonnés, et toujours supérieure, même hors du service.

La France est le seul pays où l'on ait omis, au grand préjudice du service, de créer un grade intermédiaire entre ceux de lieutenant général et de maréchal, pour commander les corps d'armée. La dignité de maréchal ne comporte qu'un commandement en chef, et l'on a acquis la triste expérience que plusieurs maréchaux réunis dans la même armée, et sous le commandement de l'un d'eux, amènent presque toujours de grands malheurs, par le peu d'accord et le peu de subordination qui règnent entre eux. Il fallait un empereur, grand capitaine, pour commander une armée dont les grandes portions étaient sous les ordres des maréchaux. Des corps, il est vrai, étaient souvent sous les ordres des lieutenants généraux, auxquels on donnait le titre temporaire de général en chef, et qui recevaient une commission de commandement. Je dois même ajouter que celui qui en avait été pourvu une fois, n'était jamais appelé ensuite à commander une simple division. Mais le grade était toujours le même, et il est fâcheux d'établir volontairement et librement de pareils rapports.

Comme l'autorité, nécessaire partout, l'est encore plus parmi les troupes, et que depuis le commandement d'une armée jusqu'à celui d'une compagnie, il faut que le chef qui disparaît soit aussitôt remplacé, on a dû établir, comme principe fondamental, le droit d'ancienneté au commandement. Mais autre est l'exercice accidentel de ce droit par le résultat fortuit des événements de la guerre (chacun sent la nécessité de cette disposition), autre est la délégation de l'autorité avec le même grade par la volonté du souverain, et quand il est maître de son choix.

L'amour-propre souffre d'obéir à son égal, surtout s'il est encore moins ancien; et l'amour-propre, cause de tant de bien et de tant de mal, exerce dans le métier des armes une immense puissance; car il en est la vie.

Une armée, composée d'hommes sans amour-propre, ne vaudrait rien; c'est parce qu'ils en sont remplis, que les Français sont de très bons soldats; c'est ainsi encore que les soldats fournis par les grandes villes, où l'amour propre est plus actif, mais qui sont moins forts et moins robustes, dépassent souvent de beaucoup en valeur ceux qui sortent des campagnes.

CHAPITRE DEUXIÈME.

J'ai dit plus haut, et je le répète, que les mouvements dans la guerre, soit offensive, soit défensive, doivent toujours être fondés sur un calcul de temps, de d'stance et de vitesse. Mais les applications de ce principe sont plus faciles dans la guerre défensive que dans la guerre offensive.

Dans celle-ci, les combinaisons sont plus vastes, les conditions plus variables, les éléments du calcul plus incertains. A chaque moment on peut être forcé de changer de rôle, abandonner une attaque pour se défendre et échapper à de grands périls. Il faut donc un génie plus étendu pour être toujours prêt à varier ses projets, à exécuter des combinaisons nouvelles.

Dans la guerre défensive, le théâtre est plus restreint; on opère sur un terrain connu, dont on a pu apprécier exactement la nature. Les combinaisons étant en moindre nombre, il est plus facile de se mettre en mesure et d'y faire face. Dans la guerre offensive, il faut que le génie supplée à l'expérience, et devine le pays où l'on va opérer ; les points d'appui sur lesquels on compte varient et quelquefois disparaissent. Dans la guerre défensive, on agit sur un terrain préparé et étudié; on a des pivots d'opérations fixes; tout peut être calculé avec précision. Un génie supérieur est donc plus nécessaire pour une guerre offensive, quand une grande connaissance du métier, le talent de bien choisir ses points d'appui, une extrême prévoyance, avec une activité infatigable, peuvent suffire aux besoins de la guerre défensive.

Cependant cette guerre est loin d'être facile, d'autant qu'à proprement parler on n'est réduit au rôle de la défensive que lorsque les moyens dont on dispose sont inférieurs à ceux de l'ennemi. Or, dans les guerres modernes, avec l'égalité des armes, de l'instruction et de l'expérience, le nombre fait beaucoup. La différence qui existe entre telle ou telle armée, dans telle ou telle campagne, dépend particulièrement du moral; et l'appréciation ici ne tient pas aux règles du métier, mais à cette partie sublime de l'art, qui suppose la connaissance du cœur humain, dont les mouvements sont si rapides et si mystérieux.

Après avoir posé le principe des mouvements des armées, on ne peut le développer que par des exemples. L'instruction est dans l'étude des campagnes les plus mémorables. L'enseignement dogmatique s'appuie sur des faits. On peut les choisir dans les succès comme dans les revers, en faisant dans le récit de chaque événement la part des combinaisons et du hasard.

On doit étudier de préférence les événements de notre époque : les exemples seront mieux compris, les circonstances étant mieux connues. En outre, avec le progrès qu'a fait l'art de la guerre, avec la mobilité actuelle et toujours croissante des armées, on est parvenu à rendre facile ce qui autrefois eût été impraticable.

Les guerres antérieures, qui peuvent encore être d'une utile instruction, sont celles de Frédéric II. Il est vrai que les exemples d'alors ne sont guère applicables de nos jours, tant les choses ont changé; mais c'est sous le rapport moral de la guerre qu'il faut surtout considérer ce grand capitaine. Quand on voit Frédéric, battu à Hochkirche et après avoir perdu 200 pièces de canon, se retirer à deux lieues seulement sur la Sprée, y prendre position et braver les menaces de son ennemi vainqueur, on se demande vainement l'explication d'un mystère que personne ne comprend aujourd'hui.

En réfléchissant à la faiblesse des ressources de Frédéric, on se demande encore comment, en présence de si nombreux ennemis et pendant tant d'années, il a pu entretenir et recruter ses armées. En vérité, on ne sait ce qu'on doit admirer davantage de ses victoires ou de son esprit de ressources et de conservation.

Les longues guerres de notre époque, les grands événements qu'elles offrent à nos méditations et dont il faut peser toutes les circonstances, sont à observer également dans nos armées et dans celles de l'ennemi.

Les premières campagnes de la révolution ne présentent rien, chez nous et chez nos adversaires, qui ne soit susceptible d'une amère critique ; ce dont on peut se convaincre, en lisant le premier volume des Mémoires du maréchal Gouvion-Saint-Cyr, qui sous ce rapport est du plus vif intérêt.

Les opérations de l'archiduc Charles en 1796, faisant face aux armées françaises de Sambre-et-Meuse et du Rhin, sont le premier exemple d'opérations combinées systématiquement sur une vaste échelle ; aussi ne saurait-on trop méditer l'ouvrage de ce prince, où ses principes sont établis avec l'exposé des opérations et des motifs qui l'ont dirigé. Tous les grands principes de la guerre y sont déduits, en même temps qu'ils trouvent leur application dans les faits qui y sont retracés.

Mais les campagnes de guerre qui appellent le plus la réflexion, sont celles de l'armée française, en Italie, en 1796 et 1797. Elles réunissent toutes l'exactitude dans les calculs, la correction dans les mouvements, une connaissance profonde des hommes et des choses.

Jamais guerre ne fut si admirable, si parfaite. C'est l'art mis en action dans ce qu'il a de plus sublime. Avec des moyens médiocres, d'immenses résultats ont été obtenus.

Cette guerre d'une année à peine présente des modèles de tous genres : une offensive habilement et audacieusement conduite; une défensive où des forces moindres ont constamment repoussé des forces supérieures, mais en se ménageant souvent sur le champ de bataille la supériorité du nombre; une guerre qui, par l'habileté de la direction et la vigueur de l'exécution, a amené une série de victoires sans exemple. Immortelle époque dont les prodiges ont dépassé tout ce qui a été fait avant et après; car il n'est jamais arrivé que, dans une série de combats si longs, au milieu de tant de mouvements divers, on n'ait pu découvrir une seule faute, un seul oubli des vrais principes de l'art.

Au moment où la campagne s'ouvre, l'armée française, forte de 30,000 hommes à peine, manquant de tout, n'a pas encore achevé ses préparatifs, quand elle est forcée d'entrer en opération, l'ennemi s'approchant de Gênes pour couvrir cette place. L'armée ennemie est attaquée, forte de plus de 50,000 hommes, mais composée, il est vrai, des troupes de deux nations différentes. Les Autrichiens sont battus, poursuivis, et bientôt contenus par une seule division. L'armée française se jette sur l'armée piémontaise ; des succès si complets et si rapides répandent la confusion et le découragement chez les alliés , et le roi de Sardaigne fait la paix.

Une marche rapide surprend le passage du Pô, que l'armée française, faute de moyens, n'aurait pu passer de vive force. Une action énergique lui fait franchir l'Adda. Milan ouvre ses portes. Peu après, une insurrection embrase toute une province ; l'insurrection est réprimée. L'armée, qui à peine a ralenti un moment sa marche, passe le Mincio de vive force, arrive sur l'Adige, et prend une position défensive qui couvre les conquêtes faites en moins de 50 jours. Des armées ennemies se forment successivement et viennent tenter sur nous d'impuissants efforts. Mantoue tombe ; nous marchons sur Vienne, et la paix est conclue.

Rien ne serait plus utile pour l'instruction des officiers qui se livrent à l'étude de la grande guerre et à des conceptions militaires d'un ordre supérieur, que d'écrire cette mémorable campagne, avec les détails et les documents qu'elle comporte. Des commentaires y seraient joints, qui expliqueraient les raisons des mouvements, en montreraient l'esprit et les résultats. La campagne de 1805, si belle, si bien conduite, et si remarquable par son dénoûment, favorisée, il est vrai, par les fautes immenses et presque incroyables de nos adversaires; celle de 1806, qui la complète; enfin celle de 1809, pourraient être l'objet d'une étude spéciale et de commentaires instructifs; car on ne saurait trop admirer cette grande époque de la vie de Napoléon.

Mais il faut passer sous silence les guerres d'Espagne et des temps qui suivent, ou du moins n'en parler que pour en faire ressortir les fautes, et démontrer que la fortune a dû abandonner Napoléon, le jour où il a été infidèle dans sa conduite aux vrais principes de la guerre, que jusque là il avait toujours respectés. L'accumulation des hommes et des moyens a été inutile; à dater de ces époques de triste mémoire, et, si l'on excepte Lutzen et Bautzen, on ne reconnaît plus Napoléon dans aucune de ses campagnes.

Une sorte de réveil est cependant venu plus tard. Le grand capitaine s'est retrouvé en 1814; mais l'opinion seule combattait alors pour lui : il n'y avait plus d'armée; à peine étions-nous 1 contre 10. Jamais les forces dont a pu disposer Napoléon dans ses mouvements entre la Seine et la Marne, n'ont dépassé 35,000 hommes de débris. Mon corps, qui a eu seul la gloire des combats de Champ-Aubert, Vauchamp, Montmirail, la seconde affaire Gué-à-Trême, n'a jamais eu 4,000 hommes, restes de 52 bataillons différents. A Paris, soutenues par le duc de Trévise, nos forces réunies étaient de 14,000 hommes, et l'ennemi a eu 53,000 hommes engagés, et 13,000 hors de combat. C'était le chant du cygne.

CHAPITRE TROISIÈME.

Des grandes Reconnaissances, et des précautions qui doivent les accompagner.

Connaître la position de l'ennemi, être informé à temps des mouvements qu'il opère, réunir assez de documents pour deviner ses projets, telle est l'une des plus grandes difficultés que présente habituellement le commandement d'une armée. Rien ne doit être négligé pour parvenir à des informations exactes ; et le moyen le plus sûr est d'être constamment en contact avec l'ennemi par les troupes légères, d'avoir fréquemment de petits engagements et de faire des prisonniers, dont les réponses sont presque toujours naïves et sincères. On en sait plus par eux que par les espions les plus fidèles ; ceux-ci confondent souvent les noms des corps et des généraux, et évaluent très inexactement la force de stroupes sur lesquelles ils font des rapports.

Quand deux armées, par les combinaisons de la

guerre, se trouvent tout à coup en présence, ou sont restées longtemps à une certaine distance l'une de l'autre, il est bon de s'assurer plus positivement de la situation des choses ; alors on fait ce qu'on appelle de *grandes reconnaissances*. Ces opérations demandent beaucoup de prudence et même une prévoyance particulière, surtout si on n'est pas décidé à combattre, à moins de circonstances extraordinaires et très avantageuses.

Il faut y employer beaucoup de cavalerie, et n'y engager, s'il est possible, que de la cavalerie et de l'artillerie légère, afin de rester plus maître de ses mouvements. Il s'agit de déchirer le rideau qui couvre une armée ; et quand un général a pu pénétrer assez avant pour voir de ses propres yeux la situation de l'ennemi, il a atteint son but.

Mais il doit se mettre en mesure de soutenir les troupes qu'il a engagées, et de les recueillir, si elles sont ramenées trop vivement. Il aura tout à sa portée un corps d'infanterie respectable ; et en arrière de ce corps, toute l'armée sera disposée à marcher aussitôt, si les circonstances l'exigent, et à prendre part à l'action. Un moment de retard peut faire manquer des occasions subites, qui, saisies à propos, donnent des avantages imprévus.

Je citerai un exemple dans lequel l'inobservation de ce précepte m'a empêché de remporter sur l'armée anglaise en Espagne une victoire facile. On instruit mieux peut-être, en rappelant des fautes, qu'en racontant des succès.

En 1811, j'occupais la vallée du Tage avec l'armée de Portugal. Ma mission était de veiller à la conservation de deux places fortes qui couvraient le nord et le midi. Ciudad-Rodrigo et Badajoz, qui appartenaient aux armées du midi et du nord et faisaient partie de leur arrondissement. Ciudad ayant besoin de vivres, le général Dorsenne, commandant l'armée du nord, organisa un grand convoi et se disposa à l'y conduire. Il fournit 10,000 hommes d'infanterie et 2,000 chevaux pour son escorte. Mais le concours de l'armée de Portugal était nécessaire pour assurer sa marche, l'armée anglaise étant cantonnée à proximité. Je portai la plus grande partie de l'armée au delà du col de Banos, et je l'échelonnai de Tamames jusqu'à la rivière de l'Aguéda. Je me rendis à Rodrigo avec 1,500 chevaux ; le général Dorsenne y vint également et fit entrer dans cette place avec de grands approvisionnements une petite division de 3,000 hommes d'infanterie, commandée par le général Thiébault. Le bruit avait couru que les Anglais se disposaient à faire le siége de Rodrigo, et que des approvisionnements à portée y avaient été réunis. S'en assurer était opportun, et il fut convenu qu'une forte reconnaissance double serait dirigée sur la route d'Alméida, et sur les hauteurs d'Elbodon, où l'armée anglaise avait ses avant-postes. Cette reconnaissance serait exécutée par la cavalerie de l'armée de Portugal commandée par le général Montbrun.

Le général Thiébault reçut l'ordre de se disposer à la soutenir au besoin. La position d'Elbodon, enlevée dans un moment, la cavalerie anglaise fut mise en fuite, et une brigade d'infanterie anglaise se trouva isolée. Après avoir reçu bravement plusieurs charges, elle fit sa retraite sur Fuente-Guinaldo. Favorisée par un terrain difficile, et grâce à la rapidité de sa marche et à sa valeur, on ne put l'enfoncer. Fuente-Guinaldo, nœud des routes et point stratégique pour le rassemblement de l'armée, était important à occuper sans retard. La division Thiébault fut appelée; mais placée trop loin, parce qu'elle n'était sortie de la place que dans un but de défense et de sûreté, et le champ de bataille s'étant singulièrement éloigné par suite de la retraite de l'ennemi, elle arriva trop tard, et son extrême faiblesse ne permit pas, à l'entrée de la nuit, de la jeter sur les retranchements de Fuente-Guinaldo où des colonnes se dirigeaient, venant de différents côtés. Si 8,000 hommes avaient été sous ma main, j'aurais pu agir avec confiance. Fuente-Guinaldo serait tombé en mon pouvoir ; la division légère placée à Martiago sur la rive droite de l'Agueda, eût probablement été prise ou détruite, l'armée anglaise dispersée, et ses corps sans liaison se seraient trouvés dans la position la plus critique.

Ayant eu le temps de se rassembler, elle se hâta de faire sa retraite, et l'occasion d'un succès facile et complet fut manquée.

Je le répète, quand on fait une forte reconnaissance, on doit toujours disposer ses troupes de manière à ne pas être forcé d'accepter un combat sérieux ; mais en même temps il faut se trouver en mesure, soit de recueillir les troupes engagées si elles sont battues, soit même de profiter d'une circonstance fortuite et favorable. Quelque considération que l'on porte à son adversaire, on ne doit pas le croire infaillible ; souvent la fortune sourit au moment où l'on s'y attend le moins ; et il faut toujours être préparé à lui prouver qu'on est digne de ses faveurs.

CHAPITRE QUATRIÈME.

Des détachements en présence de l'ennemi, de leur opportunité, et des dangers qui les accompagnent.

Quelquefois un général, trop préoccupé d'un succès qu'il espère, fait d'avance, sans avoir encore battu l'ennemi, des dispositions pour donner un grand résultat à la victoire. A cet effet, il divise ses forces et les lance dans diverses directions ; au lieu de vaincre, il est battu. Les détachements qu'il a faits sont enlevés ou détruits, et une campagne ouverte sous de bons auspices ne se compose plus que d'une suite de revers.

Je citerai plusieurs exemples à l'appui de ce que j'avance.

En 1796, en Italie, Wurmser entre en campagne avec une armée supérieure à l'armée française; une colonne tourne celle-ci et se porte par Brescia sur ses communications. Cette colonne, trop faible pour résister à l'armée française réunie, se retire à son approche. Séparée de la majeure partie de l'armée par les montagnes et le lac de Garda, elle devient étrangère aux événements qui surviennent; et l'armée française, placée au centre, bat les uns après les autres tous les corps qui viennent successivement se présenter devant elle.

Dans la même année 1796, le général Alvinzi débouche du Tyrol et attaque l'armée française, occupant la chaîne du mont Baldo et de la Corona. Croyant à une victoire certaine, il détache un corps de 5,000 hommes, commandé par le colonel Lusignan, qui, après avoir suivi le bord du lac de Garda, change de direction, s'approche de l'Adige, et prend position en arrière de l'armée française et sur sa communication directe. Ce corps est tenu en échec par la faible division Rey, qui rejoignait l'armée et qui s'établit devant lui. La bataille est gagnée par l'armée française; et le corps de Lusignan, attaqué, mis en déroute, est pris presque en entier.

En 1800, Napoléon débouche en Italie avec une armée de 60,000 hommes. Ayant passé le Pô, et tourné complétement l'armée autrichienne, il se trouve sur ses communications et veut s'emparer de tous les chemins par lesquels elle peut essayer de se retirer (1). Pour y parvenir, il place une par-

---

(1) Il ne restait à l'armée qui a combattu à Marengo, que le corps de Victor, formé des deux petites divisions Gardanne et Chambarlliac; le corps de Lannes, composé des divisions Vatrin et Munier, la division Boudet de 5,000 hommes, une très faible cavalerie et 82 pièces de canon.

tie de ses forces sur la rive gauche du Pô, sur le Tessin, tandis qu'il envoie nécessairement sur l'Adda et l'Oglio une division pour se couvrir de ce côté. Puis, supposant que l'armée autrichienne réunie à Alexandrie veut faire sa retraite sur Gênes, il détache une division dans la direction de Novi pour lui fermer encore cette route. Il ne lui reste que 22,000 hommes, et l'ennemi en a 45,000 réunis sur la Bormida. L'ennemi attaque ; la bataille de Marengo a lieu ; disputée avec opiniâtreté, elle semble perdue à 5 heures du soir, lorsqu'arrive la division détachée sur Novi. Le général Desaix, qui est à sa tête, l'a sagement arrêtée, en entendant le canon de la bataille, pour attendre des ordres. Elle revient sur ses pas, et arrive encore à propos pour servir de réserve, et la bataille est gagnée, quoique 27,000 hommes seulement aient été à même de combattre, et que 22,000 aient été forcés de supporter tout le poids de la bataille. Ainsi nos forces engagées n'ont été dans cette occasion que des deux tiers de celles de l'ennemi ; et il n'a tenu à rien qu'elles ne fussent que de la moitié. Belle victoire sans doute, dont les résultats ont été immenses ; mais il serait dangereux de prendre pour modèle les combinaisons stratégiques qui l'ont amenée ; car elle eût dû être perdue, à raison de la supériorité des forces et des moyens que nous avions contre nous.

Si des victoires sont possibles dans ces conditions, il ne faut pas trop y compter. On doit sans doute montrer d'autant plus d'énergie que les circonstances sont moins favorables ; mais il ne faut pas de gaîté de cœur les faire naître.

En 1813, l'armée française de Silésie, forte de plus de 80,000 hommes, réunis à Goldsberg, commandée par le maréchal duc de Tarente, avait en face une armée à peu près égale, commandée par Blucher. Le duc de Tarente s'avance sur l'ennemi qu'il suppose réuni à Jauer ; il détache, au moment où il s'ébranle, la division Puthod, pour se porter par Schënau sur Jauer, afin de trouver l'ennemi et de le prendre en flanc.

Mais Blucher, au même moment, a pris l'offensive de son côté ; l'armée française, mal éclairée, rencontre inopinément l'ennemi près de la Hazbach, et se trouve obligée de recevoir la bataille sans avoir réuni ses forces. De mauvaises combinaisons et une suite de malheurs fortuits amènent la confusion. L'armée française battue est forcée de se replier, la division Puthod perd ses communications ; acculée au Bober débordé, accablée par le nombre, et après avoir vaillamment combattu, elle est prise en entier.

Il résulte des exemples ci-dessus, et de beaucoup d'autres que je pourrais ajouter, les conclusions suivantes :

1° Rien n'est plus dangereux que de faire un détachement de quelque importance, avant d'avoir livré bataille, remporté une victoire et pris un ascendant décidé sur l'ennemi.

2° Pour exécuter cette combinaison hasardeuse, il faut que l'armée ait une supériorité suffisante pour donner de grandes probabilités de victoire, et ne jamais affaiblir ses forces réunies au-dessous de celles que l'on a à combattre.

3° Quand on est loin d'un ennemi assez fort pour pouvoir livrer bataille, et que l'on marche à lui, il faut occuper par des avant-gardes et des troupes légères, au moins l'espace d'une grande marche autour de soi, pour être informé de ses mouvements et modifier les siens en conséquence.

4° Enfin, lorsqu'on croit à propos de faire un détachement isolé, il faut déterminer sa direction, et placer des troupes pour le soutenir, de telle manière qu'il ait toujours une retraite assurée sur l'armée et ne puisse en aucun cas perdre ses communications.

CHAPITRE CINQUIÈME.

De la conduite d'un général le lendemain d'une victoire.

Les généraux qui gagnent des batailles ne savent pas toujours en profiter. On dirait, à les voir agir, que le combat est le but, quand il n'est que le moyen. Cela se remarque surtout dans les guerres d'autrefois ; mais, de notre temps encore, les exemples n'ont pas manqué.

Un général ordinaire n'a l'esprit frappé que des pertes qu'il a éprouvées, et soupçonne à peine celles de l'ennemi ; de là une indécision et une timidité funestes, au lieu d'une confiance que tout autorise.

En 1795, Schœrer, après la bataille de Loano, eût pu sans combat sérieux envahir l'Italie. Dans la même année, Clairfait, après sa victoire signalée devant Mayence, serait arrivé sans obstacle jusque sous les murs de Strasbourg, s'il eût marché sans retard. En 1800, Moreau aurait dû, par des mouvements rapides, compléter ses succès à l'ouverture de la campagne. Dans la même année, eu Italie,

Brune, après le passage du Mincio et de l'Adige, pouvait détruire entièrement l'armée autrichienne qui se retirait devant lui; la moindre énergie eût suffi, tant les circonstances lui étaient favorables.

Napoléon est le premier, de notre époque, qui ait tiré d'une victoire toutes les conséquences dont elle était susceptible. Après une bataille gagnée, il marchait avec rapidité à la poursuite de l'ennemi, afin de remporter des succès faciles, et lui faire perdre le peu de confiance qui lui restait. Avec un système pareil, une nouvelle bataille devenait rarement nécessaire pour atteindre un but important.

Sans doute, en marchant ainsi, on ne s'occupait pas trop de pourvoir aux besoins de l'armée; il en résultait des inconvénients, mais beaucoup moindres que les avantages qu'on s'était assurés. Comme on traversait d'ailleurs un pays fertile, au milieu d'une population agglomérée, les souffrances des soldats étaient modérées; cette marche rapide se terminait bientôt, et un gage important, des ressources immenses, tombaient dans les mains du vainqueur. Alors l'abondance et le repos donnaient la faculté de réparer les pertes, et en outre d'augmenter les moyens. Tant que Napoléon a fait la guerre en Allemagne, il a agi ainsi et s'en est bien trouvé. Vienne, occupée deux fois, lui a fourni des ressources incalculables, et donné un gage dont la valeur était d'un grand prix dans les négociations.

Mais il y a une limite qu'on ne dépasse pas en

vain. Quand ce système de guerre a été appliqué à la Russie, il ne s'agissait plus de 10 ou 12 marches rapides, dans un pays rempli de ressources et au milieu d'une population douce, accoutumée au respect de la règle et à l'obéissance ; c'était un mouvement offensif de près de 3 mois (1), presque sans halte, dans un pays pauvre, n'offrant que les plus faibles ressources et une population souvent hostile; et ce mouvement avait pour objet, non pas de poursuivre une armée vaincue, mais d'atteindre une armée qui se repliait sur ses moyens, pendant que nous-mêmes usions les nôtres par la seule marche, par les souffrances de toute nature pour les soldats (2) : souffrances qui engendrèrent bientôt une sorte de désorganisation. Napoléon alors courait à sa perte certaine.

S'il est donc vrai de dire, comme un grand principe de guerre, qu'un général doit s'attacher à profiter de ses succès et ne rien négliger pour les compléter par la rapidité de ses mouvements à la poursuite de l'ennemi vaincu, on voit aussi qu'il y a des bornes à cette règle, et que l'application doit en être toujours subordonnée aux circonstances particulières.

---

(1) Passage du Niemen, le 23 juin; entrée à Moscou, le 14 septembre : le mouvement fut de 83 jours.

(2) Le premier corps, à son entrée en campagne, était fort de 85,000 hommes; à la revue de Moscow, il en avait 15,000.

La cavalerie française de ligne, en entrant en campagne, avait 50,000 hommes; à la revue de Moscow, 6,000.

Mais si une poursuite sérieuse doit être entreprise, il faut y consacrer des moyens compacts et puissants, propres à surmonter tous les obstacles. Sinon, en se trouvant forcé de s'arrêter, on relève le moral de l'ennemi, et l'on voit s'échapper des avantages sur lesquels on avait droit de compter.

Après la bataille de Wagram, Napoléon me donna, le 8 juillet, le commandement d'une des avant-gardes de la grande armée. Masséna suivait le gros de l'armée ennemie, se retirant par la route de Hollabrun. Je fus jeté sur la route de Nicolsbourg, à la poursuite du prince de Rosemberg, qui marchait dans cette direction; et le maréchal Davoust reçut l'ordre de me soutenir avec son corps. Je culbutai les troupes que j'avais devant moi; et comme elles changèrent de direction, qu'elles abandonnèrent la route de Moravie en se portant sur Laa, pour y passer la Taya, et se réunir à la grande armée à Znaim, j'en fis autant. Le 9 au soir, arrivé sur cette rivière, je reçus un message du maréchal Davoust, qui m'écrivait de Wilfersdorf, que, si j'avais besoin de secours, il était prêt à venir me joindre. J'avais trouvé peu de résistance de la part de l'ennemi et rien ne m'autorisait à penser qu'un secours fût urgent; je ne fis donc aucune invitation au maréchal Davoust.

Je pensais d'ailleurs que, personne ne s'étant porté sur Nicolsbourg, Davoust renoncerait à se diriger sur cette ville. Tout se passa autrement que je n'avais été autorisé à le croire. Davoust se porta à Nicolsbourg, afin de vivre plus facilement; et moi je me portai sur Znaim, où je croyais ne rencontrer qu'une arrière-garde, et pouvoir me rejoindre à Masséna. Mais la retraite de l'ennemi avait été plus lente que je ne le pensais, et les 2/3 de son armée étaient encore en deçà de la rivière avec presque tout son matériel; et un tiers se trouvait devant moi. Je pris une position défensive pour résister à ses efforts, et cette position assez rapprochée de Znaim avait action sur le mouvement de retraite de l'armée ennemie au passage du pont sur la Taya. Malgré ses efforts réitérés, il ne put me déloger; je n'en sentis pas moins la faute que j'avais faite, de ne pas appeler à moi Davoust, et celle que lui-même avait commise, de ne pas venir spontanément à mon soutien. La retraite de l'armée ennemie eût été coupée; et la masse de ses forces, obligée de se retirer par des chemins de traverse très difficiles et de remonter la Taya, eût probablement entraîné la perte d'une grande partie de son matériel et causé sa désorganisation. Ce succès aurait pu avoir des conséquences incalculables.

Il ne faut pas appeler des secours que l'on croit superflus, mais il ne faut jamais refuser ceux qui sont offerts : vient souvent une occasion fortuite, qui leur donne une valeur imprévue.

CHAPITRE SIXIÈME.

Des marches et campements.

———

Les marches à portée de l'ennemi ne sauraient être faites avec trop de précaution et de prudence, ni les campements pris avec trop de soins. Chacun sait comment les premières s'exécutent; mais on doit modifier, en raison de la nature du pays, la composition des avant-gardes et le placement respectif des armes qui en font partie.

Le but étant d'apprendre des nouvelles de l'ennemi, et de connaître son arrivée aussitôt qu'il approche, il est utile de s'éclairer à la plus grande distance possible, sans compromettre cependant ses détachements. L'avant-garde d'une armée qui n'est pas en présence de l'ennemi, doit être au moins à une grande marche de la masse des troupes; et celle d'une division, à plusieurs heures.

Il faut employer les troupes légères avec intelligence, et ne pas les épargner; car c'est particulièrement dans ce service qu'elles sont utiles : si elles laissent surprendre l'armée, celui qui les commande a manqué à ses devoirs; il ne peut alléguer aucune bonne excuse. C'est surtout dans les pays coupés et boisés, qu'il faut redoubler de précautions. Les coureurs, jetés sur les flancs, doivent être soutenus par des détachements chargés de les recueillir, et en outre être assez forts pour défendre au besoin pendant quelque temps les défilés, qui donneraient à l'ennemi le moyen de tourner l'armée.

En combinant la marche des troupes envoyées pour éclairer, de manière à former toujours un éventail, on se garantit de toute surprise; et on ne les expose pas, parce que leur point de retraite se trouve toujours sur la ligne d'opération de l'armée.

Dans les marches, les campements sont faits pour reposer les troupes et pour satisfaire à leurs besoins, nullement pour combattre. Un campement se place de préférence sur les bords d'un ruisseau, près d'un village, parce que les soldats ont à leur disposition de l'eau, et les ressources que présente une population agglomérée. Mais quelle que soit l'importance de ces considérations, il faut songer aussi à la sûreté, et ne pas négliger les moyens de résister à une attaque imprévue et à une surprise. Je ne parle pas des gardes, qui toujours doivent couvrir et envelopper le camp; elles sont de toute nécessité, ne fût-ce même que sous le rapport de la police.

Quand il y a un obstacle, l'emplacement des camps doit être choisi en deçà, et jamais au delà, au moins pour la plus grande partie des troupes. Sans doute il serait avantageux, quand on commence la journée de marche, d'avoir passé un défilé et de déboucher plus facilement ; mais cet avantage est plus que compensé par la sécurité du repos. S'il n'y a pas d'obstacle , ou que cet obstacle puisse être tourné facilement, une surprise est à craindre ; une nombreuse cavalerie peut apparaître subitement, comme si elle sortait de terre ; la sûreté alors est dans la disposition même du campement.

Or, il y a deux manières de camper : les troupes déployées en front de bandière, et les troupes formées en masse par bataillon. Cette dernière disposition est bien préférable et offre toutes sortes d'avantages.

Voici comment on l'exécute :

Une division est placée sur deux lignes, et chaque bataillon est formé en masse par division ; on le sépare en deux demi-bataillons en masse par peloton. L'intervalle qui sépare les deux fractions, est du front d'une division et forme une rue perpendiculaire à la ligne de bataille du camp.

Les tentes ou les baraques sont établies de droite et de gauche, et leurs ouvertures sont placées de manière à donner dans la rue, soit directement, soit par une ruelle transversale. Au moment où le bataillon prend les armes, chaque soldat se rend à son peloton, qui se réunit dans la rue du camp, et le bataillon à l'instant même est formé et prêt à marcher. Si l'impétuosité d'une masse de cavalerie est telle qu'elle se précipite sur le camp, elle trouvera toutes les troupes en masse, et pour ainsi dire retranchées au milieu de leurs tentes et de leurs baraques.

Le mépris des règles ci-dessus amena, le 29 mai 1813, près de Haynau en Silésie, un événement funeste. La division Maison, qui avait marché pendant toute la journée, et pris position sans s'éclairer suffisamment, fut surprise : vingt-deux escadrons prussiens, embusqués dans le bois voisin, débouchèrent à l'improviste, au moment où elle s'établissait ; elle fut détruite en grande partie, sans avoir pu combattre.

Il y a aussi des marches exécutées en présence de l'ennemi, avec une armée toute réunie, toute formée et prête à combattre, dans le but de faire quitter à l'ennemi une position qu'il occupe. Ces marches-là rentrent dans les mouvements de la tactique ; rien ne mérite plus d'attention et n'exige plus de précautions.

Il faut, pour exécuter un mouvement de cette espèce, avoir des troupes très disciplinées, et très manœuvrières ; des généraux vigilants, actifs, et un chef extrêmement prévoyant.

L'armée de Portugal, en 1812, sous mon commandement, fit une marche semblable avec succès.

Les armées française et anglaise étaient campées sur les deux rives du Duero ; la première était inférieure à l'autre de 6,000 hommes d'infanterie et 4,000 chevaux. Malgré la disproportion des forces, j'avais dû prendre l'offensive. J'étais instruit, par ma correspondance officielle, qu'aucun secours important ne me serait donné ; et, d'un autre côté, l'armée anglaise, déjà si supérieure, pouvait encore recevoir en peu de jours de puissants renforts de l'Estramadure par le pont d'Alcantara, tandis que l'armée de Galice, qui bloquait Astorga, allait devenir disponible et opérer sur mes derrières par suite de la reddition de cette ville, qui faute de vivres était sur le point d'ouvrir ses portes. Je conclus que, pour changer l'état des choses, il fallait prendre l'offensive, mais avec prudence ; manœuvrer pour forcer l'ennemi à la retraite, et ne combattre que s'il était nécessaire. Le passage du Duero fut donc résolu et exécuté.

L'armée française, toute réunie, rencontra le lendemain deux divisions anglaises à Tordesillas de la Orden, qui se retirèrent en hâte ; elles furent poursuivies l'épée dans les reins, et auraient probablement été détruites vu leur isolement, si la cavalerie française eût été moins inférieure à celle de l'ennemi.

Les deux armées se trouvèrent le soir de cette poursuite, en face l'une de l'autre, et séparées par la Guarêna, ruisseau marécageux.

Le 20 juillet, l'armée française, toute formée en ordre de bataille, rompue par pelotons, fit une manœuvre de flanc par sa gauche pour remonter le ruisseau ; arrivée à un passage reconnu d'avance et promptement amélioré, elle porta sa tête sur la rive gauche, s'empara à sa naissance d'un plateau qui s'étend indéfiniment dans une direction qui menaçait la retraite de l'ennemi, et y déboucha sous la protection d'une très grande batterie qui couvrait ses mouvements.

Le duc de Wellington crut d'abord pouvoir s'opposer à cette marche offensive; mais elle était exécutée si vivement et avec tant d'ensemble, qu'il renonça bientôt à nous attaquer (1). Il mit alors en mouvement l'armée anglaise, en suivant un plateau parallèle à celui que nous occupions.

Les deux armées continuèrent leur marche, séparées par un étroit vallon, toujours prêtes à recevoir la bataille ; on échangea quelques centaines de coups de canon, suivant les circonstances plus ou moins favorables que faisaient naître les sinuosités du plateau ; car chacun des généraux voulait recevoir la bataille, et non attaquer. Elles arrivèrent ainsi après une marche de cinq lieues dans les positions respectives qu'elles voulaient

---

(1) Le duc de Wellington m'a dit depuis, que l'armée française marchait en ce moment comme un régiment. Ce fut son expression.

occuper, l'armée française sur les hauteurs d'Aldea-Rubia, l'armée anglaise sur celles de Saint-Cristval.

Cette marche remarquable est, au surplus, le seul fait de cette nature, qui, à ma connaissance, ait eu lieu de notre temps. Mais il peut se renouveler, dans une guerre où les forces se balancent, et quand les généraux ne veulent combattre qu'avec des avantages assurés, ou dans des circonstances déterminées et très favorables.

CHAPITRE SEPTIÈME

Des Retraites.

———

Ce n'est pas sans raison qu'on a toujours accordé de grands éloges aux retraites faites en présence d'un ennemi supérieur; c'est une des opérations les plus délicates et les plus chanceuses de la guerre.

La principale difficulté est dans le moral des troupes, qui s'altère beaucoup dans ces circonstances : c'est une chose singulière que la différence d'impression produite sur le soldat, quand il regarde l'ennemi en face ou qu'il lui tourne le dos.

Dans le premier cas, il ne voit que ce qui existe; dans le second, son imagination grandit le danger. Un général doit donc inspirer aux troupes de l'orgueil et une juste confiance, et leur présenter ces sentiments comme un moyen puissant de salut.

Il faut faire comprendre au soldat que, s'il méprise l'ennemi, l'ennemi le respectera. Dans les circonstances ordinaires, quand un général doit se retirer à l'approche de l'armée ennemie, et que rien ne l'engage à prolonger son séjour dans le lieu qu'il va quitter, la raison et la prudence exigent qu'il commence ses mouvements avant que l'ennemi soit en présence. En laissant un intervalle de deux lieues au moins, il donne à sa marche plus d'aisance et de facilité. Mais il y a telle circonstance, où il faut avant tout retarder la marche de l'ennemi, lui faire perdre du temps en le forçant à faire des dispositions d'attaque qui deviennent tout à coup superflues, parce qu'on s'éloigne au moment où le combat paraissait prêt à s'engager. Alors il faut à la fois d'excellentes troupes et de grandes précautions de la part de celui qui les commande. C'est dans la disposition des échelons, et dans la précision des mouvements, qu'est placée la sécurité.

Si le corps qui se retire, est tellement disproportionné à celui qui le suit, qu'il n'y ait pas lieu de livrer bataille, il peut encore avec prudence soutenir sans danger des combats partiels. A cet effet, il doit d'avance préparer ses mouvements, de manière qu'il n'y ait aucun embarras près des troupes, et que leur marche soit toujours légère et facile. Il placera à son arrière-garde assez d'artillerie, et cependant pas trop, mais qui soit bien servie, bien attelée, et quelques pièces d'un fort calibre. Cette artillerie, divisée en deux ou trois fractions, placée en échelons, marchera avec facilité, et préparera des points de résistance successifs et momentanés. L'ennemi est ainsi forcé de s'arrêter pour faire des dispositions avant l'attaque, et au moment où ces dispositions sont terminées, le mouvement est repris et l'on disparaît. Alors l'ennemi avance de nouveau, mais il est tenu à distance par le feu de l'artillerie, qui se trouve bientôt supérieur au sien; car, l'un en poursuivant allonge ses colonnes, pendant que l'autre, en se retirant, éloigne constamment le champ de bataille, et se rapproche de ses réserves.

De là, une alternative continuelle dans les forces respectives des troupes qui sont en contact.

Le 25 février 1814, j'exécutai un mouvement de cette nature avec succès. J'opérais sur la rive gauche de l'Aube, et mon corps se composait d'environ 6,000 hommes de toutes armes. L'armée prussienne, commandée par le maréchal Blucher, et forte de 45,000 hommes, passa la rivière à Plancy, et marcha contre moi. Je pris position sur les hauteurs de Vindé, en arrière de Sezanne. Les apparences étaient de nature à faire croire au général ennemi, que j'étais résolu à combattre. Il fit des dispositions complètes pour enlever la position, et mit une trentaine de pièces de canon en batterie. Le moment venu, toutes mes forces s'ébranlèrent avec ordre, ensemble, et célérité, et l'ennemi se mit à ma poursuite; mais dans la marche qui dura toute la journée, les choses se passèrent de manière qu'il fut toujours tenu à distance, forcé de s'arrêter fréquemment pour réunir ses forces quand il devenait trop pressant. J'arrivai à la Ferté-Gaucher toujours en échangeant des boulets de canon, et je pris position derrière le Morin; je n'avais perdu que ce que les boulets de l'ennemi avaient frappé, et laissé en arrière ni un seul homme vivant, ni une pièce de canon.

Le lendemain de la bataille de Brienne, je fus chargé par Napoléon de me retirer sur la Voire, de prendre d'abord position à Perthe, afin d'attirer l'attention de l'ennemi le plus longtemps possible, et de faire ainsi une diversion en faveur de la masse des troupes, qui se retirait sur l'Aube par le pont de Lesmont. Après avoir fait parader mes forces au jour, et préparé ma retraite de manière à la faire avec sûreté, je l'exécutai sans perte sous le canon de l'ennemi; je passai le défilé de Rosnai, sans désordre et comme à l'exercice, devant l'armée ennemie, qui s'était dirigée presque en entier sur moi; elle ne put ensuite franchir la Voire, qu'elle tenta vainement de passer à plusieurs reprises.

Si l'armée qui se retire est d'une force suffisante pour se mesurer avec l'ennemi, les dispositions sont analogues. Sa sûreté est encore dans la manière dont les échelons sont placés, et le but est toujours l'application du principe fondamental établi plus haut ; être plus nombreux que l'ennemi, au moment du combat, sur le champ de bataille.

La meilleure disposition à prendre dans une combinaison semblable, est celle-ci : partir de très bonne heure avec l'armée, en laissant une forte arrière-garde, qui se met en marche le plus tard possible sans se compromettre ; prendre position dans un lieu défensif, à une distance telle que l'ennemi ne puisse arriver que trois heures avant le coucher du soleil. Quelle que soit son ardeur de combattre, il n'a pas le temps de faire des dispositions préparatoires ; et s'il tente l'attaque avant de les avoir achevées, il doit être écrasé, car l'armée campée a toutes ses forces réunies, quand lui n'a nécessairement qu'une partie des siennes.

C'est ainsi qu'en 1812, l'armée de Portugal, très inférieure à l'armée anglaise, se retira à sa vue des bords de la Formes, pour aller prendre position sur le Duero, d'où l'ennemi ne fit aucune tentative pour la chasser.

En 1796, quand le général Moreau évacua la

Bavière, pour se retirer sur le Rhin, suivi par l'armée autrichienne, il mit en pratique la théorie ci-dessus; pressé trop vivement, et marchant réuni, il s'arrêta, livra bataille, et remporta la victoire.

CHAPITRE HUITIÈME.

Des Batailles.

Traiter en détail des dispositions que demande la conduite d'une bataille, est chose impossible : mille circonstances imprévues forcent de les modifier; des accidents fortuits viennent tout à coup en changer l'économie. Je me bornerai donc à reconnaître et à constater les règles qu'il faut suivre, les principes qu'il faut respecter, pour préparer la bataille et distinguer le caractère qui lui est propre. Quant à la manière de donner une bataille, il n'y a rien de plus variable. Elle diffère selon la nature des opérations à exécuter et l'espèce de mission que l'armée a reçue. Elle varie avec la composition des armées et le génie propre des soldats; elle varie plus encore en raison du talent et du genre de facultés des généraux qui commandent.

J'entrerai dans très peu de détails techniques

sur la formation même des troupes et leur placement préliminaire; car ces dispositions dépendent avant tout de la nature du terrain sur lequel
on est appelé à combattre. Ainsi, par exemple, il
est évident que telle position près du champ de
bataille, qui peut servir d'appui et de soutien, doit
être occupée en force et de manière à exercer
une action salutaire, soit qu'on attaque, soit qu'on
se défende. La force d'une position supplée au
nombre des troupes; des défilés placés en avant
rendent superflue une partie des moyens de défense, et plus difficiles les moyens d'attaque. Du
reste, le plus simple raisonnement, et souvent
l'instinct seul, suffisent pour faire sentir les modifications qu'il faut apporter à la formation consacrée par l'usage.

Je rappellerai seulement, en peu de mots, que,
toute influence de localité à part, on a adopté,
comme un principe fondamental, la formation des
troupes sur plusieurs lignes. La première déployée,
et la seconde en colonne par bataillon à distance
de déploiement, prête, s'il en est besoin, à marcher ou à se mettre en bataille; et une troisième
ligne, composant la réserve, en colonne par brigade, prête à se porter là où elle peut devenir
utile.

Je ferai cependant une observation sur les dispositions générales; c'est que les commandements
des troupes doivent être divisés, de manière à

embrasser les deux lignes à la fois, c'est-à-dire que les parties correspondantes de chacune d'elles soient sous l'autorité d'un même chef. La raison en est facile à concevoir. Comme la deuxième ligne est destinée à soutenir la première, il faut que les mouvements des mêmes fractions dans les deux lignes concordent parfaitement. Il n'en est pas de même de la réserve ; elle forme un corps complet et indépendant, qui doit avoir tous ses moyens réunis pour agir selon les circonstances ; ainsi un corps d'armée de quatre divisions, disposé pour livrer bataille, aurait, dans mon opinion, la formation suivante :

En première ligne, trois brigades de trois divisions différentes, et en seconde les trois autres brigades des mêmes divisions ; et la quatrième division en arrière, tout entière, et formée en deux masses, chacune d'une brigade.

La cavalerie serait placée ainsi : celle des divisions, sur le flanc ou en arrière de leurs divisions respectives ; et les masses de cavalerie sur plusieurs lignes et sur les flancs de l'armée, à la hauteur de la deuxième ligne et préférablement du côté où le pays est plus ouvert et plus favorable à ses mouvements et à son action.

Quant à l'artillerie, celle de réserve se tiendrait en arrière de la réserve d'infanterie, prête à se porter partout où elle serait nécessaire.

Enfin, j'ajouterai que l'art de bien diriger une

bataille consiste particulièrement dans l'emploi judicieux, et fait à propos, de ses réserves ; et que le général qui, dans une bataille bien disputée, a des troupes fraîches et disponibles à la fin de la journée, quand son adversaire a fait donner toutes les siennes, est à peu près certain de la victoire.

J'établirai maintenant le caractère des batailles, en les divisant en deux classes : les batailles défensives, les batailles offensives.

Pour les premières, les conditions de succès sont : le choix d'une bonne position, dont les flancs soient bien appuyés et les derrières libres et couverts ; les obstacles qui rendent l'approche de l'ennemi plus difficile sur son front ; enfin des troupes braves, disciplinées, commandées par un homme énergique et opiniâtre.

Les batailles offensives exigent, avant tout, une bonne combinaison stratégique et une habile tactique ; des troupes manœuvrières, bonnes marcheuses, lestes, intelligentes ; un élan prononcé. Il faut que le soldat ambitionne le succès comme une chose qui lui soit propre, et s'y associe d'avance.

En appliquant ces observations, que je crois d'une exactitude rigoureuse, à l'esprit de différentes armées, et en prenant pour exemple les troupes qui se ressemblent le moins, on reconnaît que le génie des troupes dans ces deux conditions ap partient éminemment aux Français pour les batailles offensives, et, pour les batailles défensives, aux Anglais. Si l'on remarque en outre que, dans la guerre offensive, les difficultés d'administration et d'entretien des troupes sont immenses, quand dans la défense il ne faut en résultat que de l'argent et de la volonté; si l'on réfléchit enfin que l'armée anglaise, par sa composition, ses mœurs, ses besoins, doit être plus qu'aucune autre dans l'abondance, on sera de plus en plus porté à conclure que la guerre défensive avec toutes ses conséquences est plus en rapport avec les facultés de l'armée anglaise, et qu'elle serait moins facilement conduite par une armée française.

Les événements de la guerre dans la Péninsule, encore présents à nos souvenirs, démontrent cette vérité. Le général anglais, soit par sa nature et son caractère propre, soit par son habileté à saisir les conditions dans lesquelles il était placé, comprit, dès l'origine, le système qu'il devait suivre, et ne s'en écarta jamais.

Pendant longtemps il s'est servi avec persévérance d'un auxiliaire puissant que la force des choses lui avait donné, notre misère : il n'a cessé de l'exploiter. Son armée, pourvue de tout abondamment, pouvait se réunir chaque jour, avait constamment la faculté de se mouvoir, était toujours menaçante : les calculs militaires et politiques motivaient seuls ses opérations, tandis que l'armée française, livrée à une pénurie de toute nature, à des devoirs de tous genres, perdait journellement ses moyens et sa force. Une position était-elle inattaquable, le général anglais l'occupait et attendait qu'il fût menacé d'être tourné, ou que l'armée française fût venue se heurter contre des obstacles naturels insurmontables, consommant en pure perte sa valeur.

Ainsi, quand le maréchal Masséua, à la tête d'une armée supérieure, menaça d'envahir le Portugal, Wellington se plaça derrière deux places fortes et couvertes par la Coa; il attendit que l'armée française eût épuisé une partie de ses moyens par deux siéges; et, abandonnant au sort de la guerre les garnisons de ces deux places qui n'appartenaient pas à son armée, il se retira, quand elles capitulèrent et qu'il put craindre d'être attaqué lui-même, pour aller prendre position à Busaco sur un contrefort de la montagne d'Accoba, dont le front est escarpé et presque impossible à escalader. L'armée française, après des efforts inouïs, le gravit cependant; mais les troupes arrivées au sommet, épuisées, trouvent les Anglais tout formés qui marchent à leur rencontre; elles sont culbutées en un moment, et le lendemain l'armée française ayant commencé un mouvement de flanc, l'armée anglaise s'éloigne et disparaît. Elle se retire dans les lignes de Lisbonne où l'art avait ajouté à la nature de puissants moyens de résistance.

Le général anglais attend patiemment que la disette et la misère aient désorganisé et détruit l'armée française; il suit son système d'une manière si rigoureuse, qu'il la laisse en paix, bien qu'il l'ait sous les yeux à portée de canon et qu'elle soit hors d'état de livrer bataille ou d'opposer une résistance sérieuse, affaiblie qu'elle est par l'absence de 15 ou 20 mille hommes qui, laissant leurs armes en faisceau, courent à 15 et 20 lieues chercher des vivres dans l'intérieur du Portugal. Réduite de près de moitié, l'armée française revient en Espagne, après avoir abandonné tous ses canons, tout son matériel, faute de chevaux pour les traîner, et les trois quarts de sa cavalerie sont mis à pied. Elle a fait des pertes immenses, bien qu'elle n'ait combattu qu'à Busaco, et n'ait livré pendant la retraite que deux combats de peu d'importance.

C'est toujours un système analogue que suit Wellington; et quand plus tard à Waterloo il se trouve en face de Napoléon, c'est encore une bataille défensive qu'il lui livre.

On voit donc que, dans une guerre défensive qui est toujours une question de temps, les batailles doivent être rendues le plus rares possible, puisque les marches et diverses circonstances altèrent et détruisent quelquefois les moyens d'un adversaire, plus sûrement que ne le ferait la victoire la plus signalée.

Quant aux circonstances particulières des batailles défensives, c'est toujours de front qu'elles doivent être livrées ; et le talent consiste à forcer l'ennemi, par des dispositions sagement conçues, d'attaquer là où a pu être préparée une résistance plus facile. Mais il y a aussi des batailles qui, commençant par un mouvement offensif, se réduisent ensuite pour l'action à un combat défensif ; c'est ce qui arrive quand des généraux prudents et circonspects, placés à la tête de forces à peu près égales, veulent arriver à livrer bataille.

En 1812 s'offre un exemple de cette nature : l'armée anglaise était supérieure à l'armée française de 8,000 hommes d'infanterie et de 4,000 chevaux. Le général français, après avoir été longtemps sur la défensive, dans l'attente de secours promis, informé officiellement qu'ils ne lui seraient pas envoyés, dut prendre l'offensive, afin de ne pas voir chaque jour empirer sa situation.

Mais en prenant l'offensive, et en forçant par des mouvements stratégiques l'ennemi à reculer, il ne voulait pas, tout résolu qu'il fût à combattre, renouveler par une attaque inconsidérée les événements qui avaient eu lieu précédemment. Il voulait, s'il y avait une bataille, qu'elle fût livrée sur un terrain de son choix, qu'elle fût reçue mais non donnée. D'un autre côté, le général anglais, fidèle à son système, se proposait également de réduire l'action à la défensive d'une position. De là les mouvements remarquables qui eurent lieu du Duero à la Tormes, vers le milieu du mois de juillet 1812.

Ce système suivi de part et d'autre, l'armée anglaise fut obligée de faire une marche rétrograde. Son retour sur l'Aguéda et la rentrée en Portugal auraient été incontestablement le résultat immédiat de cette partie de la campagne, si un mouvement n'avait été exécuté sans ordre dans l'armée française, et si le maréchal qui la commandait n'avait pas reçu une blessure grave trois quart d'heure avant la bataille ; il en résulta dans le commandement une incertitude qui empêcha de réparer à temps les fautes commises, et amena une action qui aurait dû n'être entamée que plus tard et sous de meilleurs auspices. Malgré ces contre-temps, les pertes furent égales dans les deux armées.

Quoique je pense fermement que les troupes françaises, bien commandées et pourvues convenablement, sont propres à tous les genres de guerre, je crois cependant que la guerre offensive est plus dans l'esprit, la nature et le caractère de nos soldats : elle était, avant tout, dans le génie propre de Napoléon.

Je l'ai déjà dit, personne n'a jamais eu à un plus haut degré que lui le talent stratégique ; et ses marches offensives, jusqu'à la guerre de Russie, ont été habilement conçues. La puissance des moyens dont il disposait, leur énergie, le moral qui les animait ; son activité, la liberté absolue dans ses projets et ses combinaisons, précipitaient les événements, et, en exaltant l'esprit de ses soldats, accablaient d'avance l'ennemi de découragement ; et il n'y a pas loin de la crainte d'être battu à une défaite. Aussi quelle série de belles opérations exécutées d'une manière magique ! A son début, en Italie, il tourne toutes les positions et bat l'ennemi en détail, avant qu'il ait pu se rassembler. Il passe le Pô, sans avoir d'ennemi devant lui, parce qu'il l'a prévenu dans ses mouvements. La guerre devient défensive, mais bientôt il en change le caractère, et, en attaquant, il retrouve l'application du génie qui lui est propre.

En 1800, il entre en Italie et force l'armée autrichienne à recevoir la bataille dans la position la plus funeste, dans les conditions les plus fâcheuses, après avoir perdu ses communications et son point de retraite.

En 1805, la direction seule de ses armées, qu'il porte sur le Danube en masse, après avoir montré des têtes de colonne dans la Forêt-Noire pour fixer l'attention de l'ennemi, décide la question de la campagne : car si Mack, au lieu d'avoir amené par une confiance insensée la catastrophe de l'armée autrichienne, se fût retiré, ce simple mouvement nous mettait en possession de toute la Bavière.

A Austerlitz, c'est un mouvement de tactique qui, en peu d'heures, fixe le sort de la bataille. A Iéna, les mêmes prodiges s'opèrent par les mêmes moyens. Tant que ce système est suivi, des succès pareils couronnent toutes les entreprises de Napoléon.

En 1809, au début de la campagne, devant Ratisbonne, c'est le même esprit qui règle ses opérations. Mais bientôt son système change : le passage du Danube, après avoir échoué une première fois, est exécuté avec succès et suivi d'une bataille gagnée dans la plaine de Wagram. Ici c'est une attaque de front, une attaque directe, qui constitue le combat. Les circonstances au surplus ne laissaient pas de choix. Le passage d'une rivière comme le Danube n'est pas chose facile et ne peut être surpris, et quand une armée, placée sur la rive opposée, veut l'empêcher, il faut bien se résoudre à la combattre en débouchant; alors l'accumulation des moyens et l'énergie donnent seuls les gages de la victoire.

En 1812, il dépendait de sa volonté de donner à la grande bataille, qu'il a livrée sur la Moskowa, le caractère de ses victoires précédentes : un simple mouvement de flanc lui eût fait combattre l'armée russe avec de bien plus grands avantages, en lui ménageant la chance de bien plus grands résultats. Mais déjà commençaient à se manifester chez lui un goût prononcé pour les attaques directes, pour les jouissances de l'emploi de la force, et une sorte de dédain pour le concours de l'art et les combinaisons de l'esprit. Il vainquit, mais avec des pertes immenses et des avantages peu importants.

En 1813, il a varié dans ses applications.

A Lutzen, étant surpris, la bataille a commencé par être défensive, mais bientôt elle est devenue offensive.

A Bautzen, les mouvements stratégiques ont été habiles et bien conçus.

Mais, à Leipzig, on se demande comment Napoléon, qui pouvait déplacer le théâtre des opérations, est venu de lui-même choisir un théâtre si peu avantageux, et qui même devait lui être funeste d'après les calculs les plus simples. La bataille du 18 octobre fut défensive et ne présentait aucune chance de succès, puisque la bataille du 16 n'avait pas été gagnée, et que l'ennemi, le 17, avait reçu 150,000 hommes de renforts. Il eût donc fallu l'éviter et se retirer sans retard.

En France, les batailles de Brienne et de Craon, celle de Laon, celle d'Arcis, ne pouvaient amener aucun avantage, à raison, soit de la concentration des forces, soit de la direction des attaques ; toutes les opérations de cette époque de-

vaient se borner à des mouvements partiels dirigés sur des corps séparés. Là seulement il
convenait d'exercer l'énergie qui restait à l'armée
française ; ces combinaisons, d'ailleurs, étaient
dans le génie de Napoléon, qui en a fait encore alors
plusieurs fois d'heureuses applications à Champ-
Aubert, à Montmirail, à Vauchamp, à Montreau,
en donnant à une défensive opiniâtre le caractère de l'offensive, qui était la base fondamentale de ses talents.

Mais, enfin, réduit à la nécessité d'une bataille,
par la réunion de toutes les forces de l'ennemi,
et obligé de la livrer, il fallait la rendre défensive,
choisir une position sous Paris, la fortifier, y réunir tous ses moyens et ceux de la capitale que lui
seul pouvait exploiter, y tenter une dernière fois
la fortune.

Si 14,000 hommes de débris, abandonnés à eux-
mêmes, ont pu en rase campagne, sans un seul
ouvrage d'art pour les soutenir, privés des secours
que la ville aurait pu leur fournir, par la disparition
et la fuite des autorités supérieures, résister pendant 10 heures aux forces colossales rassemblées
devant eux, dont 54,000 hommes ont été engagés et 13,000 mis hors de combat, on peut prévoir
ce qui aurait pu et dû arriver, lorsque 30,000 hommes auraient combattu, sous la protection de bons
ouvrages qui auraient triplé leur force, et aidés des
moyens de Paris, dont l'action et le concours

auraient résulté de la présence et de l'autorité de Napoléon.

Mais cette nature de résolution n'était pas dans son génie; il n'a voulu ni la prévoir, ni en préparer l'exécution ; il avait placé, en dernier lieu, le levier de sa puissance unique dans l'opinion. Et cependant si cette puissance de l'opinion est immense, elle n'a d'effet durable qu'à la condition d'être basée sur quelque chose de positif et de réel.

Encore un mot sur les batailles offensives. A quelle heure faut-il les donner? c'est une question digne d'examen et d'une grande importance.

Il faut, quand on a le choix, varier les heures selon les circonstances. A-t-on une supériorité décidée, qui autorise une ferme confiance dans la victoire? il faut attaquer de grand matin, afin de pouvoir profiter des succès obtenus. Il n'y a pas d'homme de guerre qui ne se rappelle le chagrin qu'on éprouve dans le succès en voyant la nuit arriver, et l'impatience avec laquelle on l'attend dans les revers.

Il faut encore attaquer le plus tôt possible, quand on a toutes ses troupes sous la main et que l'ennemi n'a pas encore réuni les siennes. On se demande en vain pourquoi Napoléon, à Waterloo, dans les plus grands jours de l'année, attaqua les Anglais seulement à 11 heures du matin, bien qu'il sût par une lettre interceptée de Blucher à Wellington, que celui-ci ne pouvait déboucher qu'à 4 heures du soir ; car si Napoléon était victorieux, il se présentait à l'armée prussienne après avoir battu l'armée anglaise ; et si les armes lui étaient contraires, il évitait au moins d'avoir sur les bras une seconde armée, au milieu du combat.

Les grandes questions militaires se réduisent presque toujours à des idées simples, et ici la formule est qu'on a plus de chances de succès en combattant 1 contre 1, que 1 contre 2.

Mais quand des forces à peu près égales rendent la victoire incertaine, il vaut mieux attaquer vers le milieu du jour ; les conséquences d'un revers sont moins à redouter, et un général doit avant tout penser à la conservation de son armée. La destruction de l'ennemi ne vient qu'en seconde ligne dans l'ordre des devoirs et des intérêts. D'ailleurs, si la question reste indécise, on a toute la nuit pour préparer une nouvelle attaque et d'autres combinaisons. Ensuite les troupes sont plus reposées, elles ont pu faire un repas avant le combat ; elles sont dans des conditions de force et d'énergie. Au contraire, l'armée qui se défend, préoccupée et agitée, ne peut pas se livrer à un repos aussi complet et voit souvent son moral s'altérer à mesure que le moment de l'action approche.

Au milieu de nos triomphes d'Italie, deux petits revers s'étaient succédé deux jours de suite à Cerea et Alle due Castelli, par suite de la fatigue extrême et d'un peu de désordre qui existait dans la division Masséna. Comme il importait de ne pas laisser Wurmser hors de Mantoue, et de prévenir un nouvel échec, on fit reposer les troupes jusqu'à midi; elles ne prirent les armes qu'après leur repas, et la victoire de Saint-Georges ne fut pas un moment douteuse.

En résumé, les batailles défensives appartiennent davantage au métier; les batailles offensives bien préparées, bien conduites, sont l'apanage du génie. Tel était aussi le caractère propre des guerres de Frédéric II; car la grande guerre défensive de Sept-Ans a presque toujours eu le caractère de l'offensive ; et, sous ce rapport, ses campagnes ressemblent beaucoup à plusieurs campagnes de Napoléon, à la différence près des temps et de l'état de la science.

En lisant avec attention le récit des actions de grands généraux, on peut reconnaître l'espèce de troupes qu'ils ont commandées, par la manière dont ils les ont employées. On reconnaîtra jusqu'à leur caractère propre; car il faut bien admettre que ceux qui ont excellé dans une nature de guerre particulière en avaient le génie spécial : l'instinct qu'on a reçu de la nature, s'il n'est pas notre premier guide, contribue du moins puissamment à développer nos facultés.

Dans tous les siècles, les grands généraux ont donné à leurs opérations une physionomie qui leur était propre ; celles même conduites par des hommes que l'on compare le plus souvent, présentent à la réflexion des différences essentielles. Les campagnes de Turenne et du grand Condé ne se ressemblent nullement ; et il en est ainsi dans l'antiquité pour Alexandre, César et Fabius, pour Annibal et Scipion.

Un général habile doit donc, quand il entre en campagne, se pénétrer des conditions dans lesquelles il est placé par la nature de ses troupes, leur nombre, le but qui lui est assigné, les moyens qui sont à sa disposition ; et régler, fût-ce même contre son goût, le meilleur mode d'emploi qu'il convient de leur donner.

QUATRIÈME PARTIE.

CHAPITRE PREMIER.

Des Mœurs des soldats et de la manière de les former. — Des armées d'autrefois et des armées d'à présent.

Trois choses sont nécessaires pour donner de la valeur aux troupes : l'amour de l'ordre, l'habitude de l'obéissance, la confiance en soi-même et dans les autres. Telles sont, sous le rapport moral, les bases fondamentales d'une armée. Sans ces bases, une réunion d'hommes n'a aucune consistance, ne justifie aucune espérance, ne satisfait à aucun besoin.

On doit donc ne rien négliger pour développer ces trois éléments dans l'esprit et le cœur des soldats ; pour faire entrer dans les mœurs des gens de guerre ces habitudes, que j'appellerai des vertus militaires.

Il faut que la discipline, c'est-à-dire la soumission à la règle et à la volonté du chef légal, soit observée sans relâche ; et que chacun, au degré de la hiérarchie où il est placé, ait sans cesse à la pensée qu'il ne commande à ses subordonnés qu'à titre de l'obéissance qu'il doit à ses supérieurs.

La discipline, toujours sévère pour un manquement grave, doit cependant être mesurée dans ses applications.

Dans les pays où l'élévation des sentiments, la délicatesse des mœurs, la dignité du caractère, ont exclu les punitions corporelles, il est important de faire entrer, le plus possible, l'opinion dans les punitions.

L'armée française, en particulier, a toujours offert à un chef habile de fréquentes occasions d'utiliser cette ressource. L'éloge et le blâme distribués à propos, le talent de faire naître une utile et noble émulation, ont souvent suffi à tous les besoins. Les punitions et les récompenses, basées sur l'opinion, ont cela de merveilleux qu'elles sont

susceptibles de nuances infinies et agissent puissamment sur les cœurs généreux.

Jamais une punition, quelle qu'elle soit, excepté
pour un acte de lâcheté flagrante, ne doit être infligée avec l'expression du mépris. Tout ce qui
dégrade le soldat et le flétrit, diminue la valeur de
l'homme, comme tout ce qui le grandit à ses yeux
ajoute à ses facultés. Il y a mille moyens de varier
l'expression de ces sentiments; un chef habile choi-
sit avec discernement le moyen qui convient le
mieux à l'espèce d'hommes qu'il a sous la main, et
aux circonstances dans lesquelles il se trouve.

Dans quelques armées, on pousse à l'excès la
sévérité pour des manquements qui, aux yeux de
la raison, semblent futiles. Sans exprimer un
blâme, je ne puis cependant approuver l'importance qu'on y attache. Rapportée à quelques détails de la tenue, ou à un manque momentané
d'immobilité sous les armes, une punition trop
forte n'est pas raisonnable; mais infligée avec modération, et vue sous le rapport des mœurs, elle a
un but utile. L'esprit d'ordre, le respect pour la
règle, se montrent partout; et c'est comme édu-
cation et comme habitude de la vie, qu'il faut y
tenir. Un soldat dont l'habit est taché, se battra
sans doute aussi bien que tel autre dont la tenue
est parfaitement correcte; mais, moins exact à
remplir ses devoirs journaliers, il sera probablement moins soumis à la voix de son chef.

L'existence d'une armée est une chose si étonnante, si artificielle, qu'on ne négligerait pas sans péril tout ce qui contribue à donner à ses mœurs les habitudes d'ordre et de soumission. Mais le chef doit voir le but véritable, sans exagérer l'importance du moyen.

Il est nécessaire que les officiers et les chefs s'occupent avec un soin particulier, d'inspirer aux soldats la confiance : sans ce lien intime, on ne peut compter sur rien. Dans le repos, à l'état de paix, le pouvoir régulier est facilement respecté et obéi. Mais dans les perturbations que les dangers font naître, tout se complique, et le moindre obstacle naturel peut devenir insurmontable. C'est alors que la confiance en soi et dans les autres, cette voix intérieure si puissante, donne une énergie extraordinaire qui amène le succès.

Un chef éclairé doit donc pourvoir au bien-être du soldat ; savoir, dans les occasions importantes, partager ses souffrances et ses privations ; veiller au maintien de l'ordre et de la discipline ; punir quand il le faut, et saisir avec empressement l'occasion de décerner des récompenses, mais de justes récompenses ; car l'opinion de la justice d'un chef est la base de son crédit et des sentiments qu'on lui porte.

L'instinct de l'homme est habile à découvrir quand le chef mérite. La sévérité alors n'a rien qui effraie, rien qui blesse ; car elle suppose la force; et la force, quand elle est l'interprète sincère des lois, assure une protection efficace des droits. Ceux mêmes qui en éprouvent l'action, sentent au fond du cœur ce qu'elle a d'utile et de respectable.

Autant le maintien de l'ordre doit être pour les chefs de tous les degrés une préoccupation de tous les moments, autant il faut aussi que l'amour pour les soldats soit profondément gravé dans leur cœur. Je l'ai déjà dit : comment ne pas affectionner cette classe d'hommes si méritante, si durement traitée dans l'ensemble de sa condition, si habituée aux privations, dont la vie se compose de tant de sacrifices, qui en passent les plus belles années au milieu de travaux pénibles, de dangers sans cesse renaissants, et qui s'attachent si sincèrement à leur chef, quand ils en sont aimés ! Le soldat est bon par sa nature. Si ses lumières ne lui donnent pas le droit d'être placé dans les premiers rangs de la société, il le mériterait par les sentiments qui l'animent. L'habitude de la règle rend plus moral. Une vie de dangers développe les nobles instincts du cœur et habitue au dévouement, sentiment inspiré par le Ciel même. Revenu dans ses foyers, le soldat est presque toujours l'exemple de la fraction de la société dans laquelle il est appelé à vivre. Je l'ai vu, au milieu des désordres et des atrocités qu'engendre quelquefois la guerre, se distinguer par des actes d'une sainte piété, d'une charité évangélique (1). Honte

---

(1) Je pourrais citer beaucoup de ces traits ; je n'en rappellerai qu'un

et malheur à tous ceux qui ne l'honorent pas, ou qui ne font pas tous leurs efforts pour améliorer et adoucir son existence !

Un autre devoir, qu'il ne faut jamais négliger, c'est de maintenir les soldats dans la plus grande activité. L'activité doit être pour eux une seconde nature. Comme presque tous les hommes, ils sont disposés à la paresse; c'est leur rendre un grand service que de changer encore cette disposition. Le repos et l'oisiveté diminuent les forces et amoindrissent le courage. La santé, l'énergie et la valeur morale découlent ordinairement d'une vie endurcie par les fatigues et consacrée au mouvement.

Les exercices militaires sont les premiers éléments de cette activité que je réclame ; mais ils ne sont pas les seuls. Il faut d'abord qu'un soldat acquière l'instruction la plus complète; quand il la possède, l'occuper de détails qu'il connaît, qui ne lui apprennent plus rien, c'est un moyen infaillible de lui rendre son métier antipathique.

Les grandes manœuvres, offrant un beau spectacle, sont seules constamment de son goût; mais on

----

seul. Pendant la campagne d'Egypte, un village se révolta; une exécution militaire était nécessaire pour l'exemple. Le village fut incendié et presque tous les habitants passés par les armes.

Un soldat, qui sans doute avait rempli sa tâche de cruauté, fut frappé de la vue d'un enfant qui lui tendait les bras. Il le mit sur son sac, prit une chèvre pour le nourrir, porta l'enfant pendant huit jours, et traîna la chèvre avec lui, jusqu'au moment où il trouva une femme arabe, qui l'adopta.

peut encore créer de nouveaux intérêts pour lui, en faisant naître l'émulation dans des jeux de diverses natures. On peut aussi l'employer à des travaux publics importants, associer comme récompense l'histoire des régiments aux créations qu'ils auront exécutées, en leur donnant leur nom. C'est ainsi qu'on accomplirait avec économie de belles et grandes choses, en même temps qu'on développerait chez les soldats des idées de gloire et de grandeur immortelles, dont on ne saurait trop nourrir l'esprit des gens de guerre.

Dans le cours de ma vie militaire, je n'ai jamais laissé échapper l'occasion d'appliquer ce principe ; et je n'ai eu qu'à m'en louer, tant pour le but immédiat, que pour la santé et l'esprit des troupes. L'Egypte, la Hollande, la Dalmatie présentent encore aux regards ces monuments de notre grandeur passée et de nos mœurs d'alors. Dans ce dernier pays, 80 lieues de belles routes, construites dans les localités les plus sauvages, au milieu des plus grandes difficultés naturelles, ont laissé aux habitants des souvenirs honorables et qui ne périront jamais. Des inscriptions gravées sur des rochers disent sans doute encore aux voyageurs que ces travaux ont été exécutés par tels régiments et tels colonels. Et quand les braves soldats, dont le souvenir m'est si cher, quittaient leurs outils pour reprendre leurs armes, avec quel éclat ne se montraient-ils pas sur les champs de bataille ! Quelle force, quelle énergie n'opposaient-ils pas aux plus longues marches, aux plus grandes fatigues !

Dans les moyens complémentaires de la formation des troupes, je mettrai au premier rang l'établissement des grands camps d'instruction. Eux seuls, pendant la paix, donnent aux troupes les habitudes et l'instruction qui leur conviennent. L'esprit militaire ne se développe qu'au milieu des dangers de la guerre et des réunions qui en sont l'image. La vie des camps, le mouvement qui l'accompagne, le mélange des armes, cette existence particulière dont la société civile est si éloignée, et qui est l'élément des succès et de la gloire, ne peut se créer que par des rassemblements de quelque durée et au milieu du bien-être. Je ne parle pas de ces rassemblements momentanés, qui se voient quelquefois dans différents pays, et dont l'objet est plutôt d'offrir un spectacle que de donner de l'instruction et de développer les facultés, mais de ces camps de ma jeunesse, dont est sortie la plus belle et la meilleure armée qui ait existé dans les temps modernes, et qui, si elle est égalée, ne sera certainement jamais surpassée : je veux dire l'armée qui campa deux ans sur les côtes de la Manche et la mer du Nord, et qui combattit à Ulm et à Austerlitz.

Fort de cet exemple, et convaincu par mes réflexions, je voudrais que des établissements permanents fussent formés dans des provinces qui n'ont qu'une culture misérable, comme la Champagne ; et qu'un baraquement durable fût disposé pour recevoir 30,000 hommes. Pendant trois mois au moins les mêmes troupes l'occuperaient. Trois établissements semblables suffiraient pour donner et conserver à l'armée française un esprit militaire et une instruction qui la rendissent constamment propre à la guerre. Mais il y a pour le moment un plus vaste lieu d'exercices, Alger qui, s'il fait payer cher ses avantages, dote encore plus richement l'armée, sous le rapport que je viens de considérer.

Je ne puis finir ce chapitre sans entrer dans quelques détails sur la manière dont les armées régulières se sont formées en Europe ; il est curieux de voir en quoi les armées d'autrefois différaient, quant à leur composition, des armées actuelles : les conséquences à tirer de ce rapprochement s'offriront d'elles-mêmes à la réflexion.

Après l'invasion des Barbares et la destruction de la puissance romaine, toute organisation militaire spéciale avait disparu en Europe. Pendant un grand nombre de siècles, les armées n'eurent d'autres bases que celles de la constitution féodale. Lorsque l'expérience eut démontré la faiblesse de ces réunions temporaires d'hommes, rassemblés à la hâte et sans règle, que dissipaient subitement, soit le caprice des seigneurs, soit l'exigence de leurs besoins, et qui rendaient ainsi impossible dans son exécution toute opération soumise à des calculs, on s'occupa de créer des moyens de puissance réguliers et permanents.

Les souverains, d'ailleurs investis du droit, étaient sans pouvoir effectif sur leurs vassaux. Pour s'affranchir de cette dépendance, et dès que l'état de leurs finances le leur permit, ils voulurent avoir des troupes à eux, et telle fut l'origine des compagnies d'ordonnance.

Mais des revenus réguliers étaient nécessaires pour entretenir constamment des troupes sous les armes; et d'un autre côté des revenus réguliers ne s'obtiennent qu'avec de l'ordre et une certaine organisation administrative; la création des armées fut tout à la fois la cause et le moyen d'un commencement de civilisation.

Cependant la féodalité mettant les populations entre les mains des seigneurs, ceux-ci étaient loin de favoriser l'établissement de troupes destinées à renverser leur puissance; les souverains, ne pouvant disposer que de leurs domaines privés, fort bornés, furent réduits à des enrôlements volontaires, faits à prix d'argent.

Les désordres qui existaient dans toute l'Europe, les guerres constantes qui s'y faisaient, la multitude de petits souverains, rendaient les populations misérables, et leur présentaient le métier du soldat comme une ressource. Les mœurs du temps permettaient d'ailleurs à chacun les espérances d'une ambition sans limites.

Un homme de guerre pouvait prétendre à tout ; et ses combinaisons n'avaient d'autre élément que ses intérêts personnels. Le mobile alors n'était pas comme aujourd'hui la seule pensée de remplir un devoir envers son souverain, de défendre sa patrie et d'acquérir de la gloire, cette récompense de l'opinion, si précieuse à notre époque. Soldat ou capitaine, chacun voulait des richesses, et souvent élevait ses prétentions jusqu'à une souveraineté. Les Visconti, les Sforza, les L'escale et tant d'autres, n'ont pas eu d'autre origine, et avant eux des royaumes avaient été la proie de quelques aventuriers normands. Les souverains, pour faciliter l'exécution de leurs projets, furent tous obligés d'employer comme intermédiaires des gens de guerre en réputation et en crédit, qui, livrés à ce métier dès leur jeunesse, connaissaient beaucoup d'hommes capables de les seconder et se trouvaient disposés à s'unir à leur fortune.

Chacun d'eux, dans sa sphère, avait sa clientèle ; et on fournissait des régiments à l'entreprise et par concurrence.

Ferdinand II faisait appeler Wallenstein et lui demandait une armée. Les conditions étaient discutées et le traité conclu. Celui-ci faisait appeler des officiers, qui avaient sa confiance, et il leur demandait des régiments, en les associant à ses bénéfices. Ces derniers appelaient des capitaines qui se chargeaient de former des compagnies, et de trouver des soldats : et l'armée était créée. C'est ainsi que de nos jours un souverain négocie un emprunt avec un riche banquier en crédit, qui en distribue la plus grande partie à ses correspondants, les associant aux profits qu'il compte faire ; et ceux-ci vont chercher l'argent qui leur manque, dans la bourse des particuliers.

On comprend qu'une organisation semblable donnait le caractère d'une propriété au régiment qu'un colonel avait formé.

De là le nom qu'ils ont reçu et qu'ils ont conservé en Autriche ; où, quoiqu'ils soient devenus les régiments du souverain, comme en tout autre pays, ils ont cependant gardé, en quelque sorte, leur physionomie primitive, conservé une constitution et des priviléges qui leur sont propres. Au surplus, le système qui y est suivi, et qui a mis les institutions en harmonie avec l'intérêt de l'Etat et les mœurs actuelles, offre tout à la fois une noble et belle récompense à des généraux dont la vie a été honorée par de glorieux services, et des garanties au souverain pour le bon choix des officiers, et le bon esprit des corps.

C'est le moment de faire remarquer l'immense différence que présente la composition des armées considérée de nos jours ou dans les siècles derniers. Les armées actuelles sont constituées par le recrutement forcé. Il en est ainsi, dans tous les États du continent, excepté en Angleterre, où des circonstances particulières expliquent le maintien d'un système qui n'existe plus nulle part. Les armées de notre temps sont trop nombreuses pour que le recrutement volontaire suffise à leurs besoins; d'ailleurs, il n'y a plus autant d'hommes pour qui le service militaire soit une ressource nécessaire à l'existence; l'ordre public, qui règne partout pour le bonheur de l'humanité, en diminue beaucoup le nombre. Enfin, les chances de fortune, dans cette carrière, se sont trop restreintes pour engager des hommes de quelque valeur à la choisir. D'autres débouchés sont ouverts par le développement de l'industrie à tout ce qui a de l'ardeur et de l'intelligence, et la fortune s'y offre sans danger. Le recrutement obligé est donc le seul moyen de satisfaire aux besoins de l'État pour sa défense: aussi l'impôt du sang est-il devenu partout une des charges publiques.

L'esprit des armées en a été grandement modifié; mais il a été loin d'y perdre, malgré les apparences. Le recrutement volontaire avec une discipline terrible a donné quelquefois, comme en Angleterre, de bonnes troupes; mais peut-on comparer, pour l'esprit et la moralité, une armée, composée de fils de famille, élevés dans un esprit d'ordre et d'obéissance aux lois, à celle qui, renfermant peut-être quelques individus animés par l'amour de la guerre et de la gloire, se compose en grande majorité de vagabonds, que de mauvaises mœurs éloignent d'une vie calme et laborieuse.

Combien l'intérêt public n'est-il pas mieux garanti, quand il est confié à ceux qui regardent le service militaire comme un noble et important devoir ! Le jeune homme que le sort a désigné, tout pacifique dans ses mœurs, peut quitter sa famille avec regret, avec douleur même ; mais l'esprit belliqueux, si naturel à l'homme, et particulièrement aux Français, vient bientôt l'inspirer : alors il se nourrit de nobles pensées ; il se grandit à ses yeux ; il est fidèle, il est dévoué, et il place dans l'opinion de ses chefs et de ses compagnons la récompense de ses sacrifices, de ses travaux et de ses dangers. Tel est aujourd'hui le soldat européen ; car partout le système est uniforme.

Il resterait à déterminer lequel est préférable de ces deux autres systèmes : placer dans les mêmes régiments les recrues du même pays, ou les répartir dans différents corps. Le premier est adopté en Autriche, en Prusse et en Allemagne ; le second, en France et en Russie. Chacun d'eux a ses avantages et ses inconvénients ; mais mon opinion est en faveur du premier système.

Pour commencer par les inconvénients, ce système donne aux soldats un esprit de localité et de province qui, après les nombreuses révolutions que nous avons éprouvées, ne serait pas sans danger dans telles circonstances à prévoir ; peut-être aussi diminue-t-il, en temps de paix, l'esprit militaire, et tend-il à faire une réunion de paysans plutôt que de soldats ; mais ces inconvénients sont d'un remède facile, si l'on veut multiplier les rassemblements et prolonger la durée des camps d'instruction.

Quant aux avantages, ils sont grands et incontestables. Sous le rapport de l'administration , le recrutement est plus facile ; les officiers du corps ont le moyen de surveiller les hommes en congé ; le passage du pied de paix au pied de guerre est merveilleusement simplifié. Sous le rapport moral, on ajoute , et cet effet est important , aux sentiments d'honneur, qui rendent tous les soldats solidaires de la gloire de leur régiment, en leur donnant en même temps la tâche de défendre la réputation de la province où ils sont nés. C'est un mobile de plus, un nouvel encouragement.

Ensuite, un soldat distingué est récompensé de sa bonne conduite, par la considération dont il jouit dans son corps ; or, le système suivi en France, le prive de cet avantage, quand il est retiré du service. Rentré chez lui, il n'est plus connu ; il perd le plus digne prix de sa vie, la bonne renommée qu'il a acquise. Elle le suivrait, au contraire, dans ses foyers, s'il y trouvait les compagnons de sa jeunesse ; il resterait entouré, jusqu'à sa mort, de l'auréole qu'il aurait méritée et obtenue (1).

(1) Le conseil de la guerre, en 1828, s'était occupé de cette question. Le général d'Ambrugeac, un des officiers les plus distingués de l'armée, rapporteur du comité de l'infanterie, avait présenté un système mixte, qui, en créant une excellente réserve, résolvait la question d'une manière parfaitement satisfaisante. La fatalité a voulu que presque tous les travaux de ce conseil, où les questions militaires avaient été débattues et approfondies avec soin, ne reçussent aucune solution.

CHAPITRE DEUXIÈME.

De l'Esprit militaire et des difficultés du commandement.

La réunion de 100,000 hommes dans un même lieu, loin de leurs familles, de leurs propriétés, de leurs intérêts; leur docilité, leur obéissance, leur mobilité et leur conservation, enfin l'esprit qui les anime et, à un signal donné par un seul homme, les pousse à se précipiter avec plaisir dans un danger imminent, où beaucoup d'entre eux trouvent la mort, voilà assurément un de ces spectacles les plus extraordinaires que puissent présenter les hommes en société; phénomène qui a sa cause et son principe dans les mystères du cœur humain.

Il est dans notre nature de rechercher, d'aimer les émotions; l'idée du danger nous plaît, quoique, au moment le plus menaçant, il y ait peu d'hommes qui n'en soient déconcertés. Mais on a besoin de se comparer aux autres; l'émulation nous est naturelle; chacun aime à se croire, à se voir supérieur à ses semblables. Tel est le mobile en vertu duquel l'instinct de la conservation cède la place aux nobles élans du courage.

La sphère d'activité dans laquelle agit l'amour-propre, dépend de la situation des individus. Chacun veut être vu et admiré. L'homme placé dans la foule, voit son horizon dans ce qui l'environne immédiatement ; dans une situation plus élevée, cet horizon s'agrandit ; quand on est au faîte, c'est le monde qui vous contemple.

Ce sentiment, si honorable pour l'homme, inspire les actions les plus généreuses. Il est le mobile du simple soldat comme du général. Ainsi, à tous les degrés, le métier des armes est noble, parce que pour tous il se compose de sacrifices, et se récompense avant tout par l'estime publique et la gloire. Parler avec dédain de ceux qui composent la foule dans les armées, c'est une sorte de blasphème ; en parler même avec indifférence, c'est méconnaître les conditions de notre nature.

Le sentiment élevé que je viens de peindre, est compatible avec un sentiment bien noble aussi, celui de l'amitié.

La communauté de dangers, de gloire, d'intérêt, établit les liaisons les plus vives et les plus sincères, et comme tout se touche et se lie dans le grand mystère de la société, c'est précisément dans l'état de guerre et au milieu des périls, c'est-à-dire là où la société en a le plus besoin, que se montrent le plus habituellement l'amitié, ou cette habitude de camaraderie, cet esprit de corps, auxquels l'opinion a donné tant de force.

Un échange de services rendus, une aide réciproque, reçue et donnée, double, décuple la force et la sécurité de chacun. Ainsi l'opinion fait naître, développe et exalte les vertus chez les hommes, à mesure que les circonstances en rendent la pratique plus nécessaire dans l'intérêt de leur conservation.

Mais le cœur de l'homme est bien mobile, et les meilleurs sentiments sont combattus par d'autres, qui viennent du même principe considéré différemment. Je brave un grand danger pour sauver mon camarade, parce que je compte sur lui dans un cas semblable; mais que le danger immédiat me paraisse trop pressant, que la crainte soit supérieure à l'intérêt qui m'attire vers l'individu menacé, l'instinct de ma conservation future s'efface à mes yeux devant la puissance du péril présent; je m'éloigne du danger, oubliant tous les motifs qui auraient dû me le faire braver. Le sentiment qui me conduit alors, et qu'on appelle la peur, n'est pas rare en face d'un péril véritable; il est même bien plus commun, et exerce plus d'influence qu'on ne croit sur le grand nombre. C'est précisément pour le combattre et pour seconder les sentiments contraires, que la puissance de la discipline a été appelée à l'aide de l'autorité; et comme l'exemple influe beaucoup sur la conduite des hommes; que les braves par excellence entraînent souvent les autres, on ne saurait trop récompenser, de toutes les manières, ceux qui sortent de la règle commune, afin d'exalter leurs dispositions généreuses ; car d'eux dépend souvent le destin des batailles.

La bravoure, dans les armées actuelles de l'Europe, et particulièrement pour les officiers, peut se classer ainsi :

La bravoure qui empêche de se déshonorer, qui fait faire rigoureusement son devoir ; elle n'est pas rare.

Celle qui pousse l'homme au delà du devoir, elle est bien moins commune.

Celle enfin qui décide un homme à mettre sans hésiter sa vie au-dessous du succès auquel il est chargé de contribuer ; c'est tout ce qu'il y a de plus rare. Aussi, quand cette bravoure se produit, les honneurs, la richesse et la considération, doivent en être le prix ; et l'occasion de donner ces récompenses, ainsi limitées, est si peu fréquente, que jamais la charge n'en sera pesante pour aucun État.

Les sentiments dont je viens de parler, ne sont pas les seuls qui doivent entrer dans le cœur des gens de guerre. Il faut, pour donner aux troupes toute leur valeur, que la confiance existe entre tous ceux qui composent une armée. Le soldat doit croire à la valeur de son camarade ; il sera convaincu que son officier également brave, lui est

supérieur en expérience et en instruction; il sup-
posera chez son général la même bravoure, et de
plus la science et le talent : alors l'armée forme un
faisceau que rien ne peut rompre. Voilà la première condition de la force des armées, le premier
élément du succès.

Mais cette base fondamentale, que nous appelons
la confiance, n'est possible que dans des troupes
éprouvées et anciennes, et non dans des troupes
nouvelles qui ne se connaissent pas. De là l'absur-
dité du système d'une garde nationale, destinée
à remplacer les troupes de ligne. Les gardes na-
tionales, en les supposant composées de tout ce
qu'il y a de plus brave sur la terre, ne vaudront
jamais rien à leur début; car la valeur et la capacité de chacun, ne pouvant être appréciées par les
autres, qu'après l'expérience, les premières tenta-
tives seront faites sans le secours de la confiance,
et amèneront probablement de grands et irréparables malheurs.

Toute la partie morale de la guerre, pour le général, est dans la connaissance des mouvements
de l'esprit qui animent les gens de guerre; dans
la rectitude du jugement qu'il en porte, et de l'application qu'il en fait selon les chances variées de
la guerre, tant pour ses propres troupes, que pour
celles qu'il · combattues et qu'il doit combattre.
C'est là une faculté indépendante du métier proprement dit; ce n'est rien moins qu'un apanage

du génie. Tous les grands généraux l'ont possédé; et jamais homme au monde ne l'a eu à un plus haut degré que Napoléon.

La discipline, auxiliaire du courage, est nécessaire aussi comme un moyen d'ordre. On en sent toute l'importance, en réfléchissant au mécanisme d'une armée, et en se demandant comment une pareille multitude peut vivre en mouvement comme en repos.

Il ne suffit pas de réunir des hommes en plus ou moins grand nombre pour constituer une armée; il faut encore les organiser. J'ai expliqué plus haut par quel mécanisme on assure l'obéissance, en mettant celui qui commande, dans les différents degrés de la hiérarchie militaire, en rapport avec un nombre d'hommes borné, sur lesquels il puisse exercer facilement ses facultés.

Une fois cette division opérée, et cette organisation faite, on a dû s'occuper de la discipline, c'est-à-dire, accoutumer les subordonnés à une déférence passive envers leurs supérieurs.

Puis, on en est venu à l'instruction.

Ainsi trois opérations sont nécessaires pour constituer une armée, une masse d'hommes réunis :

1° Organiser,

2° Discipliner,

3° Instruire.

Et le complément de l'organisation, de la discipline, de l'instruction, est dans la confiance;

élément essentiel, dont l'absence prive une armée de la plus grande partie de sa valeur. Cette confiance doit s'étendre à tous et à chacun : confiance des soldats, entre eux, dans leurs rapports réciproques ; confiance de chaque soldat et officier, dans les chefs supérieurs, et surtout dans le chef suprême.

Cet élément si précieux, qui agit si puissamment sur les résultats, produit d'autant plus d'effet, que les soldats ont plus d'intelligence ; car la confiance, fondée sur la connaissance des hommes et des choses, n'est pas un sentiment irréfléchi, une foi aveugle.

Des soldats sans intelligence ont peu de mobilité, et varient moins que d'autres plus vifs et plus raisonneurs. Pour ceux-là, le commandement est plus facile, et il y a moins d'inconvénient à leur donner des généraux d'une capacité peu étendue ; les autres au contraire auront plus ou moins de valeur, selon que le général sera plus ou moins digne d'être à leur tête.

En parlant de ces deux espèces de soldats, j'ai surtout en vue les Allemands et les Français. Les Allemands ont eu souvent des succès, avec des chefs très médiocres ; les Français valent dix fois leur nombre avec un chef qu'ils estiment et qu'ils aiment.

Ils seront au-dessous de toute comparaison avec un général qui ne leur inspire ni estime ni confiance. Ils l'ont prouvé à Hochstett, en 1704; devant Turin, en 1706; et, en 1813, à Vittoria. La raison en est simple. On ne va pas à la guerre pour se faire tuer. On y va toujours pour vaincre l'ennemi; et si l'on court la chance de mourir, c'est à la condition que le sacrifice hypothétique de la vie, auquel on se soumet, sera utile. Vient le moment où une masse intelligente n'a devant elle aucune probabilité de victoire, aucune chance de combat glorieux; dès lors, elle hésite à compromettre sa vie, et elle cherche à la conserver pour un temps où elle pourra accomplir le sacrifice plus utilement.

J'ai cherché à expliquer les divers mouvements qui se passent dans le cœur des soldats; mouvements dont résultent des phénomènes en apparence contradictoires aux yeux des ignorants, qui, regardant les hommes comme des machines passives, ne comprennent pas de quelles variations ils sont susceptibles. Maintenant j'aborderai la question du commandement, et je chercherai à établir les qualités qu'il nécessite.

L'art de la guerre se compose de deux parties distinctes : le métier proprement dit, et la partie morale, apanage du génie. J'ai déjà développé ma pensée sur le moral de la guerre, et je n'ajouterai qu'un mot quant aux qualités qui font l'autorité d'un chef sur ceux qui l'environnent.

Il y a d'abord chez quelques individus la faculté d'agir sur l'esprit des autres, une autorité naturelle qui fait trouver l'obéissance aisée. Cette autorité est un don de la nature, et tient à des causes cachées au-dessus de notre esprit. Tel, qui obéissait hier et commande aujourd'hui, manie le pouvoir, au moment même où il en est investi, avec autant de facilité que s'il en avait toujours été revêtu. Tel autre, et l'exemple en est fréquent, exerce sur ses égaux une autorité qui n'est pas contestée, bien qu'elle ne repose sur aucun droit, et qu'il ne soit pas même doué d'un esprit supérieur ; c'est une faculté qu'il tient de sa propre organisation. Le chef légal, qui la possède, inspire une crainte salutaire. Il passe pour sévère, et la sévérité qu'on lui suppose le dispense de l'exercer. Un regard, un mot, agit sur les esprits avec un ascendant irrésistible. Ces hommes-là sont destinés par la Providence à commander aux autres.

Mais comme cette action puissante et naturelle sur ses semblables se rencontre rarement, on a préparé à l'obéissance, en accoutumant les subordonnés au respect et aux hommages envers leurs chefs. On a établi des grades, pour déterminer les droits du commandement, et placer dans des dispositions sociales, distinctes et constantes, ceux qui en sont revêtus. Aux grades élevés on a attribué des honneurs publics, afin de frapper les esprits et de parler aux imaginations. Enfin on n'a rien négligé pour grandir dans l'opinion, les dépositaires du pouvoir, afin de mieux assurer l'obéissance, facile dans les temps ordinaires et quand rien ne s'oppose à la conservation de l'ordre régulier, mais difficile au moment des dangers, des souffrances et des passions. Quand le général a une réputation de courage et de capacité qui motive l'estime et fait naître la confiance, sa puissance est augmentée ; quand il y joint le grand éclat de la naissance, et que sa position sociale et de famille est très élevée, il grandit encore aux yeux de la multitude. Plus le dépositaire de l'autorité a de pouvoir et de crédit, plus on lui reconnaît la faculté de distribuer des récompenses, et plus on lui obéit facilement.

Tous ces moyens, réunis dans la personne de Napoléon, favorisaient beaucoup ses succès. Ils composent, si je peux m'exprimer ainsi, les conditions nécessaires au commandement. Mais quelles sont les facultés personnelles que le commandement exige (1) ?

---

(1) J'ai établi, ci-dessus, les conditions qui sont le plus favorables au commandement ; et il en résulte que, lorsque le général est en même temps le souverain, tout vient encore à son aide. Liberté absolue dans ses projets, dans ses mouvements, et ses opérations ; accumulation des moyens et des ressources ; absence de responsabilité ; faculté de se livrer à des combinaisons hazardeuses, qui, avec de grandes chances contraires, promettent aussi de grands avantages ; certitude d'être toujours obéi, quoiqu'il arrive, et servi avec zèle etc, etc. A la différence d'une situation si avantageuse, un simple général n'a jamais à sa disposition que des moyens bornés. Quels que soient ses pouvoirs, il ne peut les exercer que dans certaines limites. Il ne lui suffit pas de bien faire, mais il doit encore se tenir prêt d'avance à justifier ses entreprises. Enfin l'obéissance qui lui est due peut être mise en doute ; et les rivalités, les haines, les intrigues, peuvent devenir de puissans auxiliaires de l'ennemi qu'il a à combattre.

L'art de la guerre, considéré dans ce qui constitue le métier, est tout de combinaison et de calcul. Je suis entré à cet égard dans des détails circonstanciés, en parlant de la stratégie et de la tactique. Mais pour que les combinaisons donnent des résultats favorables, il faut qu'une forte vo-

Ces deux situations ne sont pas comparables ; et le mérite du général dans le succès surpasse bien celui du souverain. Aussi la gloire de Napoléon en Allemagne n'égale-t-elle pas à beaucoup près celle du général Bonaparte en Italie. Dans les premières campagnes, sans nom, sans expérience du commandement, avec des moyens faibles, incomplets, une armée inférieure, mal pourvue, il obtient des succès éclatants, conquiert l'Italie, et la conserve. Dans les autres campagnes, et abstraction faite des belles combinaisons qu'elles ont développées, la grandeur des moyens, leur accumulation, l'abondance des ressources de toute nature, semblent se charger de dispenser le génie du soin d'assurer la victoire.

Les chances de succès étant plus nombreuses pour le souverain militaire, que pour le général, on serait conduit, ce semble, à désirer que celui-là commande ; cependant il en doit être autrement.

D'abord, qui sera juge compétent du talent à l'égard du souverain? Et qui garantira que ses illusions ne viendront pas lui inspirer une confiance funeste. En supposant même qu'il ne se charge du rôle supérieur qu'après de nombreux essais, il y aura toujours un grand danger pour l'État : car des revers attaqueront dans l'opinion la considération due au principe du pouvoir ; malheur social immense ! D'ailleurs le commandement des armées a besoin, dans l'intérêt public, de subir un contrôle, quelle que soit la latitude laissée à un chef. Il y a des bornes qu'il ne doit pas dépasser ; et s'il en est affranchi, qui garantira la modération dans les chances qu'il voudra courir. La grandeur des catastrophes est toujours en raison de l'accumulation des moyens et de l'étendue des entreprises, et alors elle ébranle la société jusque dans ses derniers fondements. Les fautes, ou les malheurs d'un général, sont toujours réparables dans un grand pays ; celles d'un souverain, dont l'imagination est exaltée, amènent sa ruine complète. Ainsi le souverain doit se borner à gouverner, à administrer, à créer des moyens et à les rendre abondants ; il doit en outre donner une confiance étendue à celui qui en est digne, et récompenser avec magnificence et sans jalousie ; mais ne jamais prendre la responsabilité et la charge du commandement.

lonté domine ; car des changements aux idées arrêtées, quand ils ne sont pas suffisamment motivés, ont bien des inconvénients et amènent souvent de grands malheurs.

Il faut donc deux choses dans un général : de l'esprit et du caractère. De l'esprit ; car sans lui on ne combine rien, et on se livre sans défense. Du caractère ; car sans une volonté forte et suivie, on ne peut pas assurer l'exécution des plans conçus. Mais ici les qualités relatives l'emportent sur les qualités absolues, et le caractère doit dominer l'esprit. C'est dans ce rapport que se trouve l'élément du succès. Si nous voulions évaluer par des chiffres chacune de ces facultés, j'aimerais mieux un général ayant de l'esprit comme cinq et du caractère comme dix, qu'un général ayant de l'esprit comme quinze et du caractère comme huit. Quand le caractère domine l'esprit, et que l'esprit a une certaine étendue, on chemine vers un but déterminé et l'on a des chances de l'atteindre. Quand l'esprit domine le caractère, on change sans cesse d'avis, de projets et de direction, parce qu'une vaste intelligence considère à chaque instant les questions sous un nouvel aspect. Si la force de la volonté ne vient pas mettre à l'abri de ces changements, on flotte entre des partis divers ; on n'en prend aucun avec (suite ce qu'il y a de pire) et, au lieu de s'approcher vers le but, une marche incertaine nous en éloigne souvent et nous égare.

Toutefois on conclurait à tort, qu'il n'est pas

besoin de beaucoup d'esprit pour faire de grandes choses. Un esprit médiocre ne s'est rencontré dans aucun des grands généraux de l'antiquité et des temps modernes, dans aucun de ces noms historiques qui planent dans les siècles au-dessus des autres. Alexandre, Annibal, Scipion, César, possédaient les plus hautes facultés de l'intelligence. Il en a été de même du grand Condé, de Luxembourg, du grand Eugène, de Frédéric et de Napoléon. Mais tous ces grands hommes, à un esprit supérieur, joignaient encore plus de caractère.

Cette nécessité d'un caractère qui domine l'esprit, est sentie à chaque instant par celui qui commande; car dans cette position, il y a lieu fréquemment de prendre un parti et de se décider. Or, ce que les hommes dépourvus de caractère redoutent le plus, c'est d'arrêter une détermination; un instinct funeste les entraîne à ajourner une résolution souvent urgente, et qui, quand on vient enfin à la former, n'est plus utile à raison du retard, et même devient quelquefois funeste.

Cette remarque m'autorise à proclamer ce principe : un général peut bien prendre des conseils quand il en sent le besoin; mais le rôle habituel de conseiller d'office, sans y être provoqué par le chef suprême, ne peut pas être rempli avec succès.

La nécessité d'arrêter ses résolutions est donc la partie pénible du commandement. C'est en ce moment qu'apparaît la responsabilité avec son imposant cortége, avec tous les intérêts dont on est chargé et qu'avant tout on défend au fond de son cœur ; responsabilité envers ceux dont on dépend ; responsabilité envers l'opinion ; responsabilité envers soi-même, envers sa conscience ; responsabilité immense, plus terrible en raison de ce qu'on est plus pénétré du sentiment de ses devoirs. Il n'y a qu'une manière de supporter ce fardeau ; il faut avoir assez de force et de résolution pour se mettre au-dessus de toutes les conséquences, sûr de trouver, dans sa conscience et dans ses intentions, une généreuse approbation de ce que l'on a fait, après que d'ailleurs on a appliqué toutes ses facultés, toute son intelligence. Mais il y a bien peu d'hommes capables de se placer à cette hauteur. Cette nécessité de se décider est à la fois si importante et d'une si grande difficulté pour le commandement, que, quand le parti pris est de nature à ne recevoir aucune modification et lorsque le canon gronde, que la bataille est engagée, que chacun a reçu l'indication du rôle qu'il doit jouer, le chef suprême est tranquille ; il a retrouvé la sécurité et le repos d'esprit dont il était privé la veille.

Ainsi donc, quand un général possède de l'esprit pour voir, juger et combiner, du caractère pour exécuter ; quand à ces qualités il joint la connaissance des hommes, des passions qui les conduisent, des secrets mouvements de leur cœur, que tant de causes développent à la guerre ; quand d'ailleurs le danger loin de le priver de ses facultés, ne fait que les accroître et leur donner une nouvelle énergie ; quand enfin il aime ses soldats, en est aimé et s'occupe de leur conservation, de leurs intérêts, de leur bien-être, comme un père de famille, alors il réunit toutes les qualités qui promettent le succès. Je dis promettent, et non assurent ; car la guerre a des chances si variées, elle est soumise à tant de hasards, qu'il n'y a jamais rien de certain avant l'évènement accompli.

En traitant des qualités nécessaires à l'exercice du commandement, j'ai entendu parler du commandement en chef. Un commandement si étendu qu'il soit, ne peut, du moment où il est subordonné, se comparer en rien au commandement en chef, quelque restreint que soit ce dernier par le nombre des troupes ; car il n'y a plus à surmonter cette grande difficulté que j'ai cherché à faire comprendre, et qui consiste dans la résolution. J'ai commandé, sous Napoléon, des armées de diverses forces et des corps d'armées. 10,000 hommes seulement abandonnés aux combinaisons de leur chef, présentent incomparablement plus d'embarras, font naître bien plus de sollicitude, que le commandement de 50,000 hommes encadrés dans une armée de 200,000. Dans ce dernier cas, se mouvoir, marcher et combattre d'après les ordres donnés et dans le but indiqué, sont choses faciles ; et quand le combat ou les marches sont terminés, quand le camp est établi, le général se repose comme le dernier soldat, en attendant des ordres : c'est à ce moment-là, au contraire, que le chef suprême est le plus livré aux inquiétudes et aux prévisions de toute sorte.

CHAPITRE TROISIÈME.

Portrait d'un général qui remplit toutes les conditions du commandement.

Je résumerai ici, en peu de mots, les qualités et la manière d'être que doit posséder un général appelé à commander.

Il est brave, et reconnu pour tel par toute l'armée ; son courage ne peut un moment être mis en question ou devenir l'objet d'un doute. Sa bravoure a pour caractère le calme et le sang-froid, sans exclure toutefois, dans des circonstances déterminées, cet élan et ce mouvement qui se communiquent et entraînent. Si sa réputation, sous ce rapport, n'est pas suffisamment établie, il doit chercher et saisir l'occasion de lui donner une base inébranlable : autrement il ne pourra jamais exercer sur les généraux, les officiers et les soldats, cette puissance de respect et d'estime indispensable à ses succès.

Une fois sa réputation faite, il évite, sans trop se préoccuper de sa vie, d'en être prodigue.

Son esprit est, comme je l'ai dit plus haut, subordonné à son caractère.

Sa force corporelle résiste aux plus grandes fatigues; et des considérations de santé ne l'empêchent jamais de voir par lui-même les choses importantes; car les rapports les mieux faits, la relation des personnes les plus habiles, ne suppléent jamais, au même degré de précision, la connaissance qu'on tient de ses propres yeux.

Si la nature lui a donné de hautes facultés, il est désirable qu'il arrive au commandement de bonne heure; ses succès en seront plus assurés. Il aura cette énergie merveilleuse et cette confiance en soi, qui double les forces. Objet de sympathie pour tout ce qui est jeune dans l'armée, il montrera en même temps une grande déférence pour l'âge, et sera doué personnellement d'une expérience suffisante. Il est des choses que le temps et l'usage seuls apprennent, et qui ne se devinent pas. Mais une trop longue habitude de l'obéissance diminue, plutôt qu'elle ne développe, les facultés du commandement.

Il faut surtout qu'il ait fait la guerre très jeune et peu après son entrée dans la carrière; sinon, il acquerra avec peine ce tact et cet instinct qu'elle crée et qui en simplifient singulièrement les difficultés.

Il aura sans cesse à la pensée qu'on n'est jamais surpris que par suite d'une négligence coupable, et qu'un général surpris est déshonoré. Ce n'est pas lui seulement, mais encore ses subordonnés, qu'il tiendra à l'abri de tout reproche, en prévenant leurs fautes.

Connaissant le prix du temps, seul trésor qui ne peut se suppléer, il se dispensera d'écrire beaucoup lui-même, en laissant ce soin à ceux qui, par devoir, ont la charge de transmettre ses ordres ; il se réservera seulement d'en approuver la rédaction. Jamais un bon général n'a beaucoup écrit dans les mouvements de la guerre. C'est la tête qui doit travailler, et non la main ; il emploie son temps plus utilement en donnant ses instructions verbales, en conservant la liberté d'esprit pour juger si l'on a rendu fidèlement ses intentions, et pour méditer des combinaisons nouvelles.

Son activité doit être sans bornes ; sa présence souvent inopinée laissera chacun dans la crainte d'être pris en faute ; il soutiendra ainsi le zèle de tous.

Toutes ses décisions auront pour règles une justice impartiale, la sévérité dans le maintien de l'ordre et de la discipline, la garantie aux soldats de la jouissance de leurs droits, le plus grand bien-être compatible avec leur situation.

Si la sévérité est un de ses devoirs, il en est un autre plus doux à remplir, qui n'a pas moins d'importance : je veux parler des récompenses dues aux belles actions et à la bonne conduite. Qu'il n'en soit ni prodigue, ni parcimonieux ; qu'il regarde comme sa propre affaire le soin de les obtenir, en y mettant même plus de prix que si elles lui étaient personnelles ; qu'il réfléchisse bien surtout au mérite, qui y a droit ; car si une juste récompense encourage les cœurs généreux, une récompense non méritée détruit toute émulation et crée l'intrigue. L'instinct de l'homme, et son amour inné pour la justice, l'éclairent toujours sur l'esprit qui a présidé à la distribution des récompenses.

Si le général est fidèle à ces principes, s'il remplit les conditions que je viens d'énumérer, il sera l'objet du respect, de l'estime et de l'affection des troupes. Le besoin de l'ordre est si énergiquement senti par les gens de guerre, qu'ils aiment toujours dans un chef la sévérité qui en est la garantie ; et ils se reposent avec confiance, sur celui dont la fermeté connue et l'équité accompagnent les décisions.

La bonté sans la force n'est rien : elle se confond, dans l'opinion et en réalité, avec la faiblesse qui livre un chef aux influences de son entourage. Mais la bonté, unie à une sévérité motivée, fait du général l'idole de ses soldats. La rigueur, si grande qu'elle soit, demande des formes et ne doit jamais devenir injurieuse : on se résigne à un châtiment mérité, mais l'injure irrite. Une punition juste produit d'autant plus d'effet qu'elle est infligée avec un plus grand calme ; la violence dans un chef autorise les murmures du subordonné coupable. Un général, d'ailleurs, doit toujours traiter avec considération tout ce qui porte l'habit de soldat. Il y a dans ce métier quelque chose de si noble ; le sacrifice de la vie est si sublime, que ceux qui, par état, sont toujours prêts à l'offrir, ont droit à des égards, même quand ils méritent un acte de sévérité.

Un général doit être habituellement grave dans ses manières, lors des rapports avec ses subordonnés ; et toutefois cette autorité même n'exclut pas une sorte de familiarité, de gaîté digne, qui inspirent l'affection et l'estime. Il y a un sentiment de fraternité que fait naître tout naturellement entre gens de guerre la communauté des dangers, des privations, des fatigues ; et qui n'a rien d'incompatible avec les règles de la hiérarchie et le maintien de la discipline. Plus alors un général oublie sa supériorité, et moins le soldat en perd le souvenir. Un général doit être accessible à tout le monde.

Il doit recevoir, et ouvrir au moment même, une dépêche qui arrive, sans qu'aucune considération de bien-être personnel le fasse différer. Au milieu des fatigues d'une campagne, eût-il été réveillé vingt fois dans une nuit pour des nouvelles indifférentes, il ne défendra pas de le réveiller encore. Une nouvelle à la guerre peut être d'une telle importance, et un retard de deux heures devenir si funeste, que le sort d'une armée quelquefois en dépend.

Un général doit être aussi magnifique que sa fortune le lui permet. Son premier luxe sera un grand nombre de chevaux ; il faut qu'il en ait assez pour n'être empêché dans aucune des courses qu'il croit utiles. Il aura, comme second objet de sa magnificence, une maison pour y exercer constamment l'hospitalité. Jamais un officier ne viendra le trouver, pour le service en campagne, sans en recevoir des témoignages. C'est d'abord un acte louable en lui-même : car les officiers d'état major, ou les officiers éloignés de leurs corps, sont dans des conditions si malheureuses pour vivre, qu'ils seraient réduits, si les généraux n'en avaient soin, à un véritable état de souffrance. A cette considération d'humanité se joint un autre intérêt qui regarde le service même. L'officier, chargé d'une mission, hâte son arrivée, quand il sait d'avance l'accueil qui lui est destiné. Il accélère sa marche par affection pour son chef et pour lui-même. Or, le temps , toujours utile ailleurs, joue un si grand rôle à la guerre, qu'il faut par tout moyen l'économiser.

Un général ne doit rien négliger pour connaître d'avance et avec détail le pays où il va faire la guerre. Il s'en procurera la statistique approximative ; il saura en quoi consistent ses ressources de toute nature, en étudiant avec soin la topographie. La moindre négligence dans cette étude peut avoir les

conséquences les plus graves. On ne saurait trop
réfléchir à toutes les circonstances qui caractéri-
sent un pays et au moyen de les utiliser. En se pro-
curant à tout prix les meilleures cartes, en les regardant sans cesse, même d'une manière vague , on
est sûr d'acquérir des notions quelquefois heureuses et d'un prix immense dans l'application.

L'insuffisance des renseignements fit presque
manquer, à son principe, l'immortelle campagne de
Marengo , en 1800 , et entraîna beaucoup de difficultés. Le premier consul ne connaissait pas l'existence du fort de Bard et ses moyens de résistance ;
il nous eût été facile de nous en emparer, en ame-
nant avec les premières troupes , des pièces d'un
calibre suffisant. On ignorait que le petit saint-Bernard, qui débouche de même que le grand saint-
Bernard, dans la vallée d'Aoste, fût praticable à
l'artillerie ; le passage des montagnes eût été plus
prompt sans présenter tous les obstacles, qui en
ont fait une des opérations les plus remarquables
de notre époque.

Tous les projets demandent le secret le plus profond ; un général ne doit les communiquer qu'à
ceux qui sont appelés à leur exécution et au moment
même où la connaissance en devient nécessaire.
Combien d'entreprises, bien conçues, et manquées,
pour avoir été connues de l'ennemi! Rien au contraire n'est plus favorable au succès, que de laisser
s'établir une opinion opposée à ce que l'on veut

faire; c'est en trompant ceux qui l'entourent, qu'un général donne le plus sûrement le change à l'ennemi.

Mais autant il lui importe de cacher ses projets, autant il doit s'enquérir de ceux de ses adversaires; il ne négligera rien à cet égard. Sans avoir une foi aveugle dans les espions, il en entretiendra et les paiera bien. Il est utile surtout de se procurer des intelligences avec des employés attachés aux états majors.

S'il y parvient, le premier de ses soins sera de connaître avec détail l'organisation des différents corps qui composent l'armée ennemie, les noms des généraux qui les commandent. Avec ce secours et des troupes légères, bien commandées, qui, constamment aux prises avec l'ennemi, font des prisonniers, on a des documents certains sur les mouvements qui s'opèrent. La prise d'un seul soldat de tel régiment annonce la présence de telle division, qui appartient à tel corps, et dès lors un général voit dans quel esprit et dans quel but son adversaire manœuvre et opère. On n'imagine pas la candeur, la simplicité, la vérité qu'un prisonnier apporte dans toutes ses réponses, sans soupçonner la portée des questions qui lui sont faites, sans croire manquer à la cause qu'il a servie avec zèle, et qu'il est bien loin de vouloir trahir.

Enfin le général, qui tient à sa gloire, doit s'affranchir, dans ses opérations, d'une dépendance absolue ; elle est toujours funeste. Un gouvernement éclairé n'a point la prétention de tout diriger ; il borne son rôle à indiquer le but, après avoir déterminé la nature des moyens et leur quotité. C'est au général seul, placé en face et au milieu des difficultés, à décider du système à suivre et des combinaisons à exécuter. Plutôt que de se soumettre à une action trop directe du gouvernement, le général doit abandonner un commandement qu'il ne peut exercer dans sa plénitude : il faut, ou qu'on renonce à le contrarier, s'il conserve la confiance; ou qu'on lui retire le commandement, si l'on croit qu'il suit une mauvaise voie. Le gouvernement ne doit agir sur le général, qui a sa confiance, que par l'influence de conseils qui ne portent pas le caractère d'ordres impératifs. Il se gardera bien toutefois de placer près de lui un conseiller d'office : car rien n'est plus absurde qu'un tel système, et, ainsi que je l'ai dit déjà, les résultats en ont toujours été funestes. Un général peut bien provoquer des discussions, consulter des hommes de lumières, prendre même des conseils, quand il le croit utile ; mais il ne doit pas être tenu d'en demander et d'y déférer. En général, à l'armée, il n'y a que deux rôles à jouer : obéir et commander. Que le gouvernement donne le commandement de ses armées à ceux qu'il croit les plus dignes, et en même temps leur accorde une confiance sans réserve ; sinon, il doit les remplacer.

CHAPITRE QUATRIÈME.

De la réputation des généraux.

Je terminerai cet ouvrage par quelques réflexions sur la réputation des généraux et les raisons qui doivent l'établir.

Des généraux attachent quelquefois leur nom à des succès, auxquels ils sont étrangers ; succès obtenus malgré leurs mauvaises dispositions, ou par suite de conseils reçus et suivis à propos.

J'en ai connu plusieurs de cette espèce : entre autres, et le plus notable, le maréchal Brune, qui sous tous les rapports était d'une grande médiocrité. Son nom cependant s'associe à trois souvenirs glorieux : aux succès de l'armée française, contre les Suisses, en 1798; contre les Anglais et les Russes, en 1799 ; contre les Autrichiens en Italie, en 1800.

En Suisse, la supériorité de nos forces et les divisions qui existaient dans ce pays, décidaient nécessairement la question en sa faveur. En Hollande, il n'était pas au combat de Berghen ; la bataille de

Bersevich a été engagée par hasard, livrée inopinément, sans plan de conduite, sans aucune direction : les sottises et la stupidité du duc d'York ont amené les résultats définitifs. En 1800, en Italie, après de brillants succès, auxquels le général en chef se trouvait presque étranger, nous étions en position, si nous avions eu un autre homme à notre tête, de détruire entièrement l'armée ennemie.

On peut citer des exemples contraires, c'est-à-dire, des hommes de grands talents, dont les efforts ont été trahis par la fortune.

Mais ces exemples divers n'empêchent pas de juger par les résultats, et telle est la manière la plus juste d'apprécier la valeur et le mérite des généraux. Prendre une base différente, appuyer son jugement sur l'idée qu'on s'est faite de l'esprit et des talents d'un général, c'est entrer dans un labyrinthe inextricable, et s'exposer souvent à l'erreur ; car chacun ne verra qu'à travers le prisme des préventions, des amitiés et des passions. Si l'on se trompe quelquefois en jugeant d'après les faits, on se tromperait plus encore en se dirigeant seulement par la connaissance personnelle des individus. La fortune peut bien accabler une ou deux fois de ses faveurs un homme qui n'en est pas digne ; elle peut trahir les plus hautes combinaisons du génie, humilier un noble front : mais quand la lutte se prolonge, quand les événements se multiplient, l'homme complet l'emporte infailliblement ; et si des revers continuels se succèdent, concluez hardiment que, malgré un esprit supérieur, et des qualités qui vous ont ébloui, un défaut d'harmonie dans ces facultés en détruit la puissance.

Je classerai les généraux en quatre catégories.

Je rangerai dans la première les généraux qui ont gagné toutes les batailles qu'ils ont livrées. La première place dans l'opinion leur appartient incontestablement. Mais le nombre en est si petit, qu'à peine on peut trouver leur nom. Dans l'antiquité, je ne vois qu'Alexandre et César. Les généraux grecs, qu'un nom illustre décore, comme Miltiade et Epaminondas, ont dû toute leur célébrité à une ou deux actions.

Dans les temps modernes, je ne vois guère que Gustave-Adolphe, Turenne, Condé, Luxembourg, Napoléon jusqu'en 1812; car je mettrai avec raison, au nombre des revers, dont un général est responsable, la destruction des armées, qui a pour cause l'absence de soins et une extrême imprévoyance.

Dans la deuxième catégorie, je placerai les généraux qui, gagnant souvent des batailles, en ont perdu quelquefois, après les avoir vivement disputées. C'est le plus grand nombre de ceux, dont les noms sont inscrits au temple de mémoire. Peut-être y en a-t-il parmi eux qui seraient dignes de figurer dans la classe précédente. Car entre deux généraux qui combattent à mérite égal, il faut bien que la victoire se décide pour l'un ou l'autre; mais elle aura été achetée chèrement et les résultats en seront bornés.

Dans la troisième catégorie seront les généraux qui, habituellement malheureux à la guerre et ayant eu de fréquents revers, n'ont jamais été détruits, ni découragés, mais ont su toujours se rendre menaçants et imposer la crainte à l'ennemi.

Ces généraux sont rares, et ils ont besoin d'un grand ascendant sur ceux qui les entourent. Tels ont été dans l'antiquité Sertorius et Mithridate, et dans les temps modernes le célèbre Wallenstein et Guillaume III, roi d'Angleterre.

Enfin, dans la quatrième catégorie, se trouvent naturellement ceux qui perdent leurs armées, sans combattre ou sans faire acheter la victoire à l'ennemi par une vigoureuse résistance. Pour ceux là, il est facile d'en rappeler les noms : chaque pays, chaque époque, en a fourni des exemples.

CHAPITRE CINQUIÈME.

Conclusion.

Des observations qui précédent, je crois pouvoir tirer les conclusions suivantes :

1° Le principe fondamental de l'organisation d'une armée se trouve dans le fait et l'esprit d'agrégation d'une réunion d'hommes, qui devient une masse compacte, une unité, et qui par un mécanime, habile et ingénieux, donne une grande mobilité aux différentes parties dont elle se compose.

2° Les parties qui forment les éléments de ce tout, doivent avoir des dimensions, une forme et des limites, qui sont la conséquence nécessaire des facultés de l'homme et des armes qu'il emploie.

3° Rien n'est arbitraire dans l'organisation des troupes et le mouvement des armées. Tout au contraire doit y dépendre de règles, dérivant elles-mêmes de certaines lois. Les appliquer à propos, forme toute la science militaire.

4° Une armée se compose de matériel et de personnel. Il y a des rapports naturels et déterminés entre ces deux éléments, qui varient cependant selon les circonstances et le but qu'on se propose. Leurs proportions ne dépendent pas du caprice, mais seulement de la nature des choses.

5° Le plus ou moins de bonté des éléments influe puissamment sur les résultats; et la quantité ici le cède de beaucoup à la qualité.

6° Un troisième élément entre dans la valeur de l'armée, c'est l'élément moral. Seul il dépasse souvent, en importance, tous les autres, lorsque ceux-ci cependant ont une puissance effective de quelque valeur : car il faut que le corps existe pour que l'esprit puisse l'animer.

Ainsi au delà d'une certaine limite, la force réelle d'une armée ne croît pas en raison du nombre de soldats et des moyens matériels, mais bien plus en raison de l'esprit qui l'anime.

7° Développer l'esprit d'une armée, augmenter sa confiance, parler à son imagination, exalter l'âme du soldat, tel doit être l'objet constant des soins et des efforts du général.

8° L'esprit militaire a pour élément l'esprit de corps; c'est un ressort puissant, qui ne saurait être trop tendu. Il faut que dans l'opinion de chaque soldat, l'armée à laquelle il appartient et son général soient invincibles; que sa division soit la meilleure de l'armée, et son régiment le plus brave et le plus glorieux. Avec ces convictions, sa force et son courage seront décuplés.

9° Il faut enfin que chaque homme de guerre soit profondément remué, par l'idée de la gloire de son pays et du dévouement à son prince, qui en est le représentant et l'expression; que l'amour de la patrie, ce sentiment divin, gravé par la Providence dans le cœur de tous les hommes, le soutienne constamment, le grandisse et le place à la hauteur des circonstances. Mais ce sentiment ne doit pas être un vain mot; il faut qu'il soit sincère, sérieux, énergique; que sa réalité soit prouvée au besoin par l'étendue des sacrifices. L'histoire de tous les temps en a conservé des exemples, rares, il est vrai, mais sublimes et dont les résultats ont étonné le monde.

10° La meilleure armée est donc celle qui satisfait le plus complètement aux conditions ci-dessus; c'est leur ensemble et leur accord qui constituent sa valeur véritable. Comme ces conditions sont presque toutes variables et d'une appréciation difficile, comme l'esprit ne peut embrasser toutes les combinaisons possibles, personne ne peut d'avance déterminer d'une manière rigoureuse sa puissance effective: on en juge seulement par une sorte d'instinct qui n'est pas loin de la vérité. Mais plus tard, c'est par la nature de ses actions et leurs résultats que l'on constate avec certitude cette valeur.

Je m'arrête ici : cette esquisse suffit pour remplir l'objet que je me suis proposé. Donner à chaque partie, qui la compose, le développement dont elle est susceptible, exigerait de longs travaux

que je n'ai ni la force, ni la volonté d'entreprendre. J'en ai dit assez, pour porter les esprits
à la réflexion et pour faire voir que notre métier
sublime est basé sur des principes dont on ne doit
jamais s'écarter; qu'en les respectant, on donne
aux moyens d'action dont on dispose, toute la
valeur possible; but constant que doit se proposer celui qui commande.

FIN.

Imprimerie de Cosse et J. Dumaine,
rue Christine, 2